国家自然科学基金青年项目“电子商务虚拟集群创业传导机制研究：基于复杂网络视角”（71603235）
教育部人文社科青年项目“新互联网时代虚拟产业集群创业传导研究”（16YJC630157）
“杭州市社科优秀青年人才培育计划”（2016RCZX32）
浙江省一流学科（工商管理）建设资助
杭州市一流学科（工商管理·旅游休闲）建设资助
杭州市哲学社会科学重点研究基地“企业社会责任与可持续发展研究中心”资助

基于互联网的虚拟产业集群创业研究

叶 峥 著

中国财经出版传媒集团
经济科学出版社
Economic Science Press

图书在版编目（CIP）数据

基于互联网的虚拟产业集群创业研究/叶峥著.—北京：经济科学出版社，2019.8
ISBN 978－7－5218－0889－6

Ⅰ.①基…　Ⅱ.①叶…　Ⅲ.①高技术产业－产业集群－研究　Ⅳ.①F264.2

中国版本图书馆CIP数据核字（2019）第202427号

责任编辑：刘　莎
责任校对：王肖楠
责任印制：邱　天

基于互联网的虚拟产业集群创业研究
叶　峥　著
经济科学出版社出版、发行　新华书店经销
社址：北京市海淀区阜成路甲28号　邮编：100142
总编部电话：010－88191217　发行部电话：010－88191522
网址：www.esp.com.cn
电子邮件：esp@esp.com.cn
天猫网店：经济科学出版社旗舰店
网址：http：//jjkxcbs.tmall.com
北京密兴印刷有限公司印装
710×1000　16开　13.25印张　210000字
2019年8月第1版　2019年8月第1次印刷
ISBN 978－7－5218－0889－6　定价：49.00元

目　录

第 1 章

绪　论

1.1　研究背景和目的

1.1.1　现实背景

1.1.1.1　作为区域经济增长亮点的产业集群，其发展正面临严峻挑战，亟待转型升级

20 世纪 70 ~ 80 年代，产业集群这种生产组织形式正在支配着当今世界的经济版图，使全球经济中持久性的竞争优势根植于本地化关系之中（Porter，1990）。90 年代以来，在经济全球化浪潮中，企业的生产经营活动非但没有在空间分布上趋于均衡而是表现出更明显的地理集聚现象。因此，产业集群的发展尤为引人注目，成为区域参与全球化竞争的重要力量。我国浙江、江苏、福建、广东等经济先发地区的经验显示，产业集群在地区经济发展过程中发挥着重要的作用。以浙江为例，据浙江省经信委调查统计，截至 2008 年底，全省共有 10 亿元产值以上的块状经济 312 个，实现销售收入 2.81 万亿元、从业人员 831 万人，分别占全省总量的 54%、56%，成为区域经济增长亮点。然而，2008 年金融危机和欧债危机之后，我国产业集群的发展面临国内建设用地紧缺、节能减排约束加强、劳动力价格节节攀升、人民币升值、全球范围能源和原材料涨价、对外贸易冲突等急剧恶化的环境。遵循高要素

投入、低成本扩张、低产出效率增长方式的产业集群，在发展中出现了企业外迁所引起的产业空心化、国际和区际间产业转移引起的集群退化、产业过度“锁定”导致停滞甚至衰退等问题，面临越来越严峻的挑战。例如，由外资驱动发展的东莞 PC 制造业集群在外资投资重点区域向长三角的转移中出现大量制造业企业外迁导致集群逐渐衰退。2008 年，浙江省规模以上工业增加值增长速度只有 10.1%，比全国平均水平低 2.8 个百分点，“块状经济”增长速度回落；温州产业集群的重点乡镇，最严重的有 14% 的企业倒闭，规模以上企业中 16.6% 的企业停产或半停产（魏后凯，2009）；绍兴纺织产业集群中不仅有中小企业倒闭，也有华联三鑫、浙江纵横集团、浙江江龙控股集团等龙头企业相继破产（黄纯，2012），使集群发展严重受阻。由此可见，在严峻的生产经营环境下，产业集群迫切需要转型升级以达到可持续发展，而能否成功实现集群转型升级也成为区域经济持续发展的关键。

1.1.1.2 集群企业创业是产业集群实现转型升级的关键途径，但集群企业创业行为缺乏的问题突出

产业集群转型升级可有效解决集群发展的“路径锁定”，实现向价值链两端延伸，从而应对集群风险和外部压力等问题（王传宝，2009）。长沙机械业集群凭借核心企业（中联重科、三一重工、山河智能等）的成功创业，带动了集群内其他企业创业，促成整个集群的升级，使其在 2010 年成为长沙第一个千亿产业集群。温州乐清工业电气集群内的德力西、正泰、华仪等核心企业通过不断发展高端电气项目，持续进行低压电器技术创新，进入太阳能和风能等新能源行业，与全球行业领导品牌合资等企业创业活动，实现了企业的可持续发展，并带动集群其他企业的发展，推动了整个集群的转型升级。上述表明，集群升级是核心企业创业带动其他企业创业的结果。企业创业是集群企业乃至整个集群实现升级的关键途径（戴维奇，2010）。然而在实践中，政府促进产业集群转型升级的政策着眼点仍局限于外部的全球价值链和内部的产业集群演化，未能充分关注集群中的企业创业现象。创业行为的匮乏将严重遏制产业集群的转型升级甚至导致衰退。从全球范围看，比如美国 128 号公路区域微电子产业集群在经历了阶段性成功后因创业活动减少而走向衰退（Kenney，1999）；德国鲁尔地区煤和钢铁集群由于早先成功

所形成“刚性专业化陷阱”妨碍了企业进行持续创业活动而日渐衰退（彭一林，2006）。因此，探寻集群企业创业行为的发生机制，揭示创业行为在集群企业间传导的机制，对有效解决集群企业创业行为匮乏具有重要的现实意义。

1.1.1.3　基于互联网发展的传统产业集群转型升级促进了虚拟产业集群（VIC）的新一轮发展

虚拟产业集群（virtual industry cluster，VIC）是快速构建与运作虚拟企业的基础平台，是由具有一定专长的企业组成的集合体，主要功能是通过提供与调节成员企业的核心能力，参与虚拟企业运作，从而使成员分享市场的企业群体（Molina & Ponguta，1997）。相较于传统产业集群，基于互联网发展衍生出的虚拟产业集群表现出了先进的信息网络技术、创新驱动知识转移（Elisa，Ilaria & Fabrizio，2013）、“组织相近”的跨区域合作和柔性契约等特点，同时也形成了新的创新创业模式。由株洲棉麻纺织服装产业集群入驻阿里巴巴“1688 在线产业带”辐射出了醴陵陶瓷产业集群、株洲铅锌硬质合金深加工等传统产业集群的互联网化创新形成的株洲产业带虚拟产业集群。浙江遂昌电子、河北清远商务产业集群，由于领军企业的盈利效应，各种模拟、创新、配套服务的创业企业数量急剧增加，电子商务虚拟集群迅速发展。江苏睢宁多个淘宝村由回乡创业做家具的年轻人“裂变型创业”、浙江安吉家具产业集群电商化形成了家具虚拟产业集群。由此可见，传统产业集群依托在互联网平台上的创新创业发展又形成了虚拟产业集群（Elisa，Ilaria & Fabrizio，2013；高长元和王京，2014），可通过开放创新（open innovation）的虚拟关系形式促进企业开展创新与知识创造活动，拓展集群本地化能力的区域边界，从而减少集群经济对有限地理位置的依赖，在一定程度上克服锁定（lock-in）效应和路径依赖（path dependence）问题（Thor & Sylvie，2013），实现更广泛层面的创新经济和新的竞争优势。因此，虚拟产业集群是对基于地理的产业集群的一种补充（Elisa，Ilaria & Fabrizio，2013）。

1.1.2 理论背景

1.1.2.1 公司创业、网络关系、企业动态能力、创业能力等研究为集群企业创业研究提供了基础

创业现象不仅发生在个人新建企业的过程中，已建企业，无论其行业与规模的差异，也存在以创新、风险承担、超前行动为特征的创业现象（Miller，1983）。根据沙玛和克里斯曼（Sharma & Chrisman，1999）提出的公司创业概念——组织内的个人或群体，与其组织联合，创造新的业务机构，推动组织内部战略更新和创新的过程，则集群企业创业符合公司创业的概念。集群企业嵌入在一个以正式和非正式关系所构成的本地网络之中，作为网络成员的企业，其创业行为决策和完全独立做出的决策是有着巨大差异的。一方面，集群网络渠道使集群企业比非集群企业能更加快速地感知消费者和供应商需求的变化，从而把握机会利用集群丰富的创业资源（王朝云，2011），进行产品创新、工艺创新，或组建一个新企业（Porter，2000）。另一方面，作为地方根植性网络组织，集群企业容易出现对既有网络的路径依赖和“锁定”，从而对企业创业行为产生影响。例如，新建业务关系受企业原有网络的本质影响（Butler & Hansen，1991）；企业间若存在强联结，则易使企业与网络以外的组织和个人信息隔绝，过多“锁定”于既有网络，会导致企业在面临外部环境震荡时显示出脆弱性（Uzzi，1997）。此外，企业整合、建立和重构（reconfigure）企业内外胜任力以达到适应快速变化的环境的能力是企业动态能力（Teece et al.，1997）。显然，这一概念与企业创业有所关联；而阿尔瓦雷斯和巴尔尼（Alvarez & Barney，2000）则从资源观视角提出创业能力是公司超过对手模仿的、持续的创新能力，创业能力本身是一种资源的重新整合。因此，针对集群企业创业的研究已具有多学科的理论基础。

1.1.2.2 缺乏针对虚拟产业集群企业创业行为及传导的研究

20 世纪 90 年代以来，在产业集群的蓬勃发展中，针对产业集群的理论研究主要围绕集群竞争力、集群网络演化及其创新机制而展开。2008 年以

来，随着多区域的产业集群面临僵化、风险甚至出现衰退的问题，针对产业集群的理论研究开始转向产业集群的转型升级研究，但对前述的集群企业创业现象没有引起足够的重视，且鲜有的对集群企业创业的理论研究也仅从集群环境下的创业机制进行孤立的研究，对集群企业创业及集群企业之间创业行为的传导研究仍是空白的。此外，尽管已有针对互联网平台企业和电子商务创业的相关研究（龚志周，2005；何伟，2005；林显沃，2009；杜惠敏，2009；张作为，2015），但这些研究并没有挖掘和剖析基于互联网的虚拟产业集群的形成与发展，更没有针对这类创新创业现象进行系统的研究。这为本书的研究提供了研究空间。有别于传统集群创业中的地方裂变（李志刚、刘振和张玉利，2011）、产业链上下游合作关系拓展（黄玮强、庄新田和姚爽，2012）等形式，事实上，基于互联网的虚拟产业集群不再拘泥于围绕某个单一的行业而实现上下游企业关联，而是在互联网平台上，电子商务企业以及围绕其业务开展各类制造、配套、服务企业的有机整合。集群内松散的网络关系与结构为创新提供了崭新的活动环境（Ulrich & Frank，1999），基于互联网平台的动态的多重网络关系使得创新及模仿更易发生（Joyce & Winch，2005），甚至是组建一个全新企业（Childers & Offstein，2007）。因此，基于互联网平台的虚拟产业集群的创业及其影响因素具有特殊性，深入挖掘基于互联网的虚拟产业集群网络的机理来研究集群企业的创业行为及其传导是一种可行的视角。

1.1.3　研究目的

从产业集群的现实背景中发现，我国传统产业集群面临严峻挑战、亟待转型升级。而基于互联网的虚拟产业集群企业创业是我国“互联网+”背景下产业集群转型升级的关键途径。从理论研究背景看，尽管与集群企业创业相关的有公司创业理论、企业动态能力、创业能力等研究，但却没有针对虚拟产业集群企业创业行为发生机制的研究，也未解答创业行为在虚拟产业集群企业间传导的机制。因此，本书的目的是考察与剖析虚拟产业集群的企业网络对虚拟产业集群企业创业行为的影响机制和创业行为在虚拟产业集群网络上的传导机制。

1.2 研究内容

本书的主要内容包括：

1.2.1 虚拟产业集群企业创业行为与企业创业能力的关联

从创业行为来看，集群企业创业与非集群企业创业、个人创业存在差别。企业创业行为是创业主体的行为选择过程，作为存在于集群网络中的企业，其行为选择受网络影响，与非集群企业的行为选择必然存在差异。针对个人创业的研究将企业家能力作为分析个人创业行为的重要因素；而实际上，从能力理论视角出发，企业创业行为也由其能力所决定。因此在研究集群企业创业时，必须明确集群企业创业行为的本质，并通过对创业者创业能力和企业动态能力的深入理解，明晰企业创业能力的概念和意义，从而分析集群企业创业行为与其创业能力的关联。

1.2.2 集群企业创业能力差异的原因及机理

产业集群具有基于社会联系、信任、共享和互补资源等网络特性，集群中的企业是相互依赖而非孤立的，集群企业具有网络特征。处于网络节点位置的企业通过网络渠道比非集群企业能更加快速地进行产品创新、工艺创新，或组建新企业。网络和社会结构与创业现象存在着密切的关系（Busenitz，West & Shepherd，2003），即创业过程存在有所差别的“信息通道”，进而影响创业行为（Gulati，Nohria & Zaheer，2000）。由于行为是能力的表现形式（黄铁基，2004），因此，应该深入挖掘这些差别的“信息通道”引起集群企业创业能力差异的机理。为此，集群企业网络特征对集群企业创业能力产生的影响将是本书的核心问题之一。

1.2.3 创业行为在基于互联网的虚拟产业集群企业间传导的机理

尽管已有对基于集群网络的创业行为进行的研究，但并未研究某个企业的创业行为具体如何引起其他企业的创业。传统的数学模型和时间序列分析无法动态地考察“初始条件”和“路径依赖”对虚拟产业集群企业创业行为传导的作用。从复杂网络理论视角分析，创业行为在基于互联网的虚拟产业集群网络上的传导实际上是一个复杂网络上的扩散过程，具有复杂网络扩散的基本特征，因此，可以选择特定的复杂网络扩散模型对企业创业传导问题加以仿真研究。基于上述分析，本书对基于互联网的虚拟产业集群网络的企业创业行为传导进行仿真研究，对创业传导路径和创业选择行为进行客观有效刻画，从而辨识虚拟产业集群网络特征对创业传导结果的影响。

1.3 主要贡献

与以往有关创业问题的研究不同，本书首先将研究点定位在虚拟产业集群企业，基于网络能力、企业动态能力、组织行为理论的分析视角，引入虚拟产业集群网络特征、创业能力和创业行为作为变量，在借鉴前人相关研究成果和分析方法的基础上，通过理论分析与逻辑演绎，构建了基于互联网的虚拟产业集群创业行为影响机制的理论框架，并结合对虚拟产业集群的问卷调研，利用统计分析与结构方程建模进行理论假设检验。随后，剖析了互联网虚拟产业集群的典型案例，运用网络分析对其创业网络的形成进行了刻画。在此基础上进行仿真研究的耦合分析，并进一步将研究点定位在整个虚拟产业集群，从理论上推演了创业行为在虚拟产业集群网络上的传导过程与复杂网络上的扩散过程的耦合，并运用Matlab仿真平台再现了不同网络类型的虚拟产业集群实验模型，对创业行为在虚拟产业集群网络上传导的过程和效果进行了模拟。本书的主要贡献如下：

第一，本书将虚拟产业集群的网络研究与集群企业创业研究两者有机结合，构建了虚拟产业集群“网络特征—创业行为”这一系统的理论分析框架。构建了虚拟产业集群网络特征的关系嵌入和结构嵌入维度，依此建立网络特征与创业行为的关系机理及分层假设并进行了实证检验。清晰、全面和系统地揭示了虚拟产业集群网络特征和创业行为之间的复杂作用关系。进一步打开了集群企业创业行为研究的黑箱，使得针对产业集群的研究更具系统性。

第二，本书在虚拟产业集群网络与复杂网络的耦合基础上，进一步引入复杂网络扩散理论，运用动态的观点对创业传导进行耦合。通过多主体仿真分析方法，对基于互联网的虚拟产业集群网络的企业创业行为传导进行了验证性研究，并辨识了虚拟产业集群网络、初始创业企业数、创业传导模式等对创业传导结果的影响，极大地提升了创业激励措施建议的针对性和有效性。从理论上解决了传统分析方法难以对创业传导路径和创业选择行为进行客观有效刻画的问题，为创业研究提供了新的视角和理论基础。

第三，本书基于虚拟产业集群网络组织的特性，将创业政策研究的视野从单一的互联网创业行为激发，扩展到持续创新的激励与创业传导的促进，提出从虚拟产业集群“创业行为发生—行为延续—行为扩散”整个过程全面地研究创业激励，由此在理论上为解决网络的过度根植性和可模仿性所导致的创业停滞和创业效用递减问题提供了可行的思路。

第2章

文献综述

2.1 产业集群

2.1.1 产业集群及其类型

产业集群的研究最早可以追溯到韦伯（1929）工业区位理论和马歇尔（1920，1923）的产业区理论，其观点认为集群是由在地理接近下的具有相互依赖特性的企业和关联机构所形成的区域生产综合体。20世纪80年代后，产业集群在经济全球化中快速发展，许多产业集群在缺乏资源和区位优势的地区产生和发展，有关产业集群的现象开始受到主流经济学家和政府决策者的普遍关注。社会学、生态学、区域经济学、组织行为学、经济地理学、管理学等学科均从各自视角出发，对产业集群展开了研究并推演出学科特征鲜明的研究结论。在不同的研究文献中，产业集群（industrial cluster）也被称为企业集群（cluster of enterprises）、产业区（industrial district）等。波特（1990）认为产业集群是指某一特定领域中（通常以某一主导产业为主），大量产业上联系密切的企业以及相关配套机构在空间上的集聚，并形成强劲、持续竞争优势的现象，将集群的研究提升到了理论研究的层面。他指出产业集群这种由相互独立、联系多向性的企业及其产业链上的客户、供应商、相关机构所构成的空间组织形式，相对于其他竞争对手具备特有的竞争优势，并系统地研究了产业集群与竞争优势间的关系（波特，1998）。除区位效应、创新能力、竞争优势等特征之外，产业集群更是在独特的创业精神或宏企业家精神（macro-entrepreneurship）作用下的复杂动态过程（Feldman，2001）。与此同时，一些研究者也根据产业集群的不同特性对产业集群进行了分类（见表2-1）。

表2-1　　　　产业集群的类型

<table>
<tr><th colspan="2">分类依据</th><th>集群类型</th><th>代表学者</th></tr>
<tr><td colspan="2" rowspan="3">产业发展</td><td>高端集群和低端集群</td><td>马尔索等（Marceau et al.，1997）</td></tr>
<tr><td>传统产业集群和高技术产业集群</td><td>王缉慈（2001）</td></tr>
<tr><td>传统产业集群，高新技术产业集群，资本与技术结合型产业集群</td><td>金碚等（2003）</td></tr>
<tr><td colspan="2" rowspan="3">企业关系</td><td>马歇尔式或意大利式的产业区，轮轴式产业区，卫星平台式产业区和国家中心式产业区</td><td>马库森（Markusen，1996）</td></tr>
<tr><td>市场（原子）型集群，中卫型集群，混合（创新）网络型集群</td><td>仇保兴（1999）</td></tr>
<tr><td>中卫型（或轮轴型）产业集群和市场型（原子型）产业集群</td><td>郑健壮、叶峥（2007）</td></tr>
<tr><td rowspan="3">其他</td><td>关系类型</td><td>非正式集群、组织化的产业集群和创新型集群</td><td>麦泰卡和法里内利（Mytelka & Farinelli，1998）</td></tr>
<tr><td>商品链</td><td>生产者驱动的产业集群和消费者驱动的产业集群</td><td>汉弗莱（Humphrey，1995）</td></tr>
<tr><td>形成过程</td><td>自生型集群与外生型集群</td><td>冯得显（2003）</td></tr>
</table>

资料来源：作者根据上述代表学者观点整理。

从产业发展层面，马尔索等（Marceau et al.，1997）根据产业经济发展的高端（high road）和低端（low road）两种路径将产业集群分为高端集群和低端集群。高端集群以知识密集、信息有效扩散、不断创新、灵活适应更多新的市场机会、互相学习、教育和培训支持以及动态合作网络为特征；低端集群则以劳动密集、手工操作、低成本、恶性价格竞争等为主要特征，尽管存在企业之间的偶然合作，但关系并不牢固，生产效率相对较低。王缉慈（2001）根据产业集群的特征将其分为传统产业集群和高技术产业集群，传统产业集群往往是中小企业专业化分工合作形成的区域经济，它们一般以传统制造业为基础，而高技术产业集群往往是以智力密集型企业为主体的集群。从企业关系层面，马库森（Markusen，1996）在对美国、日本、韩国、巴西四国经济增长较快的区域进行研究后发现，存在四种典型的产业区类型，即马歇尔式或意大利式的产业区（Marshallian district），轮轴式产业区（hub-and-spoke district），卫星平台式产业区（satellite platform district）和国家中心式产业区（state-centered district）。仇保兴（1999）按集群内部企业之间关系将产业集群分为三种类型，即以平等交易为纽带，各企业的业务联系水平联系为主的市场（原子）型集群；以大企业（主导企业）为核心、众多中小企业为外围而形成的中卫型集群；以信息联系为主，以柔性制造方式来进行生产的混合（创新）网络型集群。郑健壮和叶峥（2007）认为按照集群内部的市场结构，产业集群最基本的情况有两种：一是中卫型（或轮轴型）产业集群；二是市场型（原子型）产业集群。此外，麦泰卡和法里内利（Mytelka & Farinelli，1998）根据产业集群的内在关系把产业集群分为非正式集群、组织化的产业集群和创新型集群，并从主要企业的参与度、集群内企业规模、创新性、信任等角度对这三类集群做了比较。冯得显（2003）根据产业集群的形成过程将产业集群简单地分为自生型与外生型两类，前者如"温州模式"，后者如"东莞模式"。汉弗莱（Humphrey，1995）根据商品链将产业集群分为生产者驱动产业集群和消费者驱动的产业集群两大类。

从上述研究中，概括出以下两点（见图2－1）：一是对产业集群的研究不仅应重视对其中企业这类主体的研究，同时也应注重对其之间存在的关系进行研究；二是对产业集群的竞争优势及可持续发展能力的研究离不开对其创新能力的研究，不仅是集群形成中的新建企业创业过程的研究，还应注重对集群内的已建企业创业进行研究。

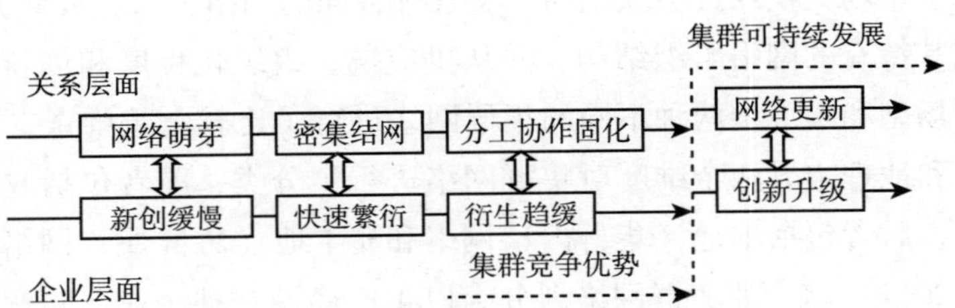

图2－1　产业集群研究的关注点

2.1.2 集群网络

罗兰德和荷透格（Rolelandt & Hertog，1988）认为集群网络是产业集群内相互依赖性很强的企业（包括供应商、渠道企业）、知识生产机构（如大学、科研组织）、中介机构和客户通过增值链而形成的网络，其目的是为了获取新的互补技术，从互补资产和知识联盟中获得收益，加快学习过程，降低交易成本，克服或形成市场壁垒，取得协作经济效益，分散创新风险等。当集群网络内部成员之间缺乏合作交流时，集群实际上处于地理上集中，产业关联上离散的状态；而当集群网络内部成员实现了基于产业链的紧密合作，通过积极的合作互动实现了资源的共享和优势互补，则才是真正意义上的产业集群（雷如桥等，2004）。产业集群网络组织形式及其产生的组织关联将超越集聚经济效应而获得网络经济效应，这正成为产业集群发展的动力及竞争优势源泉（曹丽莉，2008）。可见，集群网络在产业集群内涵中的重要性。

在对集群网络的研究中，不同学者形成了差异性的集群网络分类。魏江（2002）认为企业网络是集群网络体系的核心。雷如桥等（2004）根据集群内部行为主体之间活动的重要性和紧密性，把集群网络分成三个层次：一是企业与上下游的供应商、客商、互补企业以及竞争企业之间的合作和交流；二是企业和研究机构、地方政府、中介机构以及金融机构之间的知识、信息、资源的传递；三是集群内部行为主体特别是企业和集群外部环境的交流和互动。李成金（2005）以装备制造业集群网络为分析对象，将集群网络分为产业网络层和社会网络层进行了研究，以分析集群要素结网的原因与特征。曹丽莉（2008）认为产业集群是一个复杂的企业网络，各节点不是孤立的，它们之间基于市场交换或社会联结而产生各种各样的网络关系，彼此关联互动，由此形成其特有的网络组织结构，并从供应链、组织化程度和创新动力三个角度对市场型和中卫型两种不同的集群网络进行了比较。戴维奇（2008）从嵌入主体和地理边界两个维度对集群网络进行了分类，前者包括政治网络和商业网络，后者包括本地（集群内）网络和非本地（集群外）网络。王朝云和梅强（2011）将产业集群网络划分为以生产商、互补企业、互竞企业、供应商、客户为节点的核心网络，和以集群内的社会主体，如地方政府、行业协会、科研院所、教育培训机构、其他中介组织为节点的辅助网络等。王晓娟（2008）根据网络特征的表现形式将集群网络分为生产网络、社会网络和创新网络，并就其特征进行了描述。黄纯（2012）对用网络理论进行集群网络分析的研究进行了概括，认为主要包括四个方面，即集群的网络属性研究，集群网络与竞争优势关系研究，集群网络的案例研究，从复杂适应性系统角度分析集群发展和演化过程的研究。

在集群网络的作用上，集群网络中的各种资源是一种共享性资源，集群内的企业可以不用依靠占有这种资源来获取其竞争优势，而集群外部的非集群企业不可能享受到这种优势。杨霞（2004）认为相互独立而又存在非正式联盟关系的产业集群网络既能克服垄断性产业组织形式的主要弊端，又拥有自由竞争型产业组织的灵活性和高效性，可以实现两种不同类型的产业组织的互补。王晓娟（2008）认为由于集群网络的存在，集群中的企业要比独立于产业集群的企业能够获得更多更好的社会资本，从而使企业能够获得更加充分的信息、降低交易成本，增强企业的创新能力，也有利于获得企业竞争优势。另一方面，布伦纳（Brenner，2001）借用自组织理论和演化经济学的观点分析了集群网络，认为网络资源会随着产业集群的自组织演化而演化，最终可能使得原来的优势资源变为劣势资源，引起企业成长过分依赖于集群的成长而导致创新动力不足等问题。

2.1.3 集群创新系统

20世纪90年代以来，有关技术创新和区域创新的研究兴起，产业集群研究与区域创新系统研究出现了交叉与重合。一些学者对区域创新空间网络和区域创新集群进行了研究，主要从技术转移、知识传播、学习机制等角度研究区域创新系统各要素的互动关系，知识传播和技术转移的途径与渠道等问题。魏江（2003）系统地提出了集群创新系统的概念，并对集群创新系统的构成要素、结构，以及集群创新系统与企业创新系统、国家创新系统的关系进行了分析与阐述。丘海雄和徐建牛（2004）在上述研究的基础上，提出产业集群创新系统是由从事同一或相关产业的企业及其他地方机构，在特定的各种正式、非正式制度的协同作用下，通过正式、非正式的方式，促进知识在集群内部创造、储存、转移和应用的各种活动和相互关系的总和。他们根据创新知识源的区位差异把产业集群创新系统分为外生和内生两类，并进一步根据创新主体的不同将内生的集群创新系统分为企业自发和组织推动两类。

与集群创新系统相关联的概念包括创新型集群和集群式创新。赵忠华（2008）将创新型集群定义为在一个有限的地理范围内，以专业化分工和协作为基础的同一产业及其相关产业链，基于持续的技术创新扩散能力和高度集中的知识交流，交互式和共享的社会价值，通过集群化来制造新产品，从而获得竞争优势的一种组织形式。麦泰卡和法里内利（Mytelka & Farinelli, 1998）认为创新型集群是产业集群发展的高级阶段，在此阶段内的集群的创新、合作竞争、关联与信任等特点渐趋成熟，各方面均较为完善。赵全超等（2007）认为创新型产业集群的核心是要实现集群内创新主体之间的密切联系和有机互动，使知识和技术在集群创新系统内部有效流动和充分扩散，真正起到增强企业核心竞争力，提升集群竞争优势的作用。刘春芝（2005）将集群式创新定义为，以专业化分工和协作为基础的统一产业及其相关产业链，通过空间地理位置上的集中或靠近而形成的产业集群，集群内企业通过相互竞争与合作，产生创新集聚效应，从而获得创新优势的一种组织形式。对于集群创新系统、创新型集群和集群式创新的区别与特点概括如表 2-2 所示。

表 2-2　集群创新系统与相关联概念的特点

比较项目	集群创新系统	创新型集群	集群式创新
特点	注重集群区域性的创新系统	强调能够产生持续创新优势，技术创新扩散和知识流动	注重产业集群所产生的创新优势及其结果
类型归属	不区分集群的类型	区别于技术低端的传统集群	不区分集群的类型

资料来源：作者在赵忠华（2008）的基础上整理得出。

2.1.4　集群政策

集群概念对于政策制定者而言，主要的价值在于以下两个方面：第一是作为区域经济发展的一个分析模型；第二是对于区域经济的一种政策干预。

菲利普（Philip, 2001）认为，“集群政策”（cluster policy）的定义有狭

义和广义之分。狭义的定义包括通过影响一个特殊区域的环境以刺激集群内部单个企业发展的一系列手段；广义上的概念包括通过影响整个国家不同区域集群发展的一系列手段，这些手段主要是借助中央政府和区域政府来实施的。区域集群政策（regional cluster policy）是指政府对于某个特定区域旨在发展和支持集群的所有努力，它可以被视为新的“异端”的经济政策框架的一部分，即区域政策的新架构（reformulated）。因此，集群政策很难与产业政策、区域发展政策等相分离。“欧洲集群政策论坛”（2003）认为，集群政策不同于传统的产业政策。集群政策是针对集群内特定参与者的信息分享政策，如为经济周期提供的条件，促进企业、知识机构、组织和协会学习和创新的过程。集群政策已从直接的干预发展到间接的诱导。我国学者刘恒江、陈继祥（2004）认为，集群政策是由政府或其他公共主体制定和实施的，以集群为服务对象的各种政策和措施的总和。

集群政策的作用旨在促进区域经济和规避风险，关于其有效性，学术界主要有三种看法：一是政策无用；二是政策有用；三是政策不充分。雷根迪克（Lagendijk，1999）认为，政府的干预对产业集群发展的影响缺乏强有力的证据。例如，政府扶植政策更多以及行业协会更发达的意大利 Modena 产业区，与邻近的 Emilia－Romagna 产业区相比，20 世纪 80～90 年代的经济发展速度却更为缓慢。而政府和行业协会等组织干预最少的 Veneto 地区同期经济增长速度却是最快的。艾娜（Ina et al.，1999）和纳纽（Nanu et al.，2004）等学者对丹麦食品产业、西班牙制造业等集群近十年的跟踪研究后认为，集群所表现出来的竞争力及其风险并不完全是其自身发展的结果，一个非常重要的因素是国家、区域政府及其他半公共机构政策作用的结果。波特认为，为了促进集群的发展，合理的政策是必要的，却不是充分的，集群的成功主要是市场力量而非政府决策决定结果（Porter，1998）。菲利普（Philip，2001）认为，尽管集群政策很难产生完全有别于区域经济发展政策的“新范式”，但集群政策至少是一种新的机制，或者可以将集群政策视为政策制定的新模式。

“欧洲集群政策论坛”（2003）认为，集群政策可以分为三个不同层次的集群政策：区域层次、国家层次和国际层次。郑健壮和叶峥（2007）认为如果将“区域层次”的集群政策理解为基于集群层次的政策，那么除了上述三个层次以外，还需要补充一个层次，即企业层次的集群政策，即以刺激、诱导集群内关键企业发展进而影响集群内其他企业发展的政策。根据政策的不同层次和重点，集群政策可划分为：基于国家创新、区域发展、产业发展和企业间网络建设等方面的政策；基于集群的不同发展战略，集群政策可以区分为：基于区域经济外部性的纯集聚经济模型的政策、基于地方生产体系的产业综合体模型的政策和强调信息交换和集体学习的社会网络模型的政策；基于集群内企业学习，从制度的视角，集群政策又可以分为：基于相互作用、习俗、路径和文化等各种政策（Akifumi，2005）；根据集群竞争优势的来源，集群政策又可以分为基于共同资源的政策和社团建立的政策；根据集群是否存在，集群政策可以分为基于已有集群的政策和基于未形成的集群政策；根据政策的作用机理，集群政策可以分为内生型集群政策和外生型集群政策（Philip，2001）。从政策制定的过程而言，可以划分为政府“由上而下”的“明晰”的政策（explicit top-down）和私人（企业之间）所进行的“由下而上”的“非明晰”的政策（implicit bottom-up），前者主要是从宏观和国家层面所制定的政策，其主要目的是引导该地区形成一个特定的产业；后者主要是基于集群内部企业之间的关系而制定的政策，地区政府只负担服务性的职能，提供基础环境上的支持。

2.2 虚拟产业集群

2.2.1 虚拟产业集群及其特征

欧盟 SALFA 计划最早提出虚拟产业集群（virtual industry clusters，VIC，1997）。虚拟产业集群是快速构建与运作虚拟企业的基础平台，是由具有一定专长的企业组成的集合体，主要功能是通过提供与调节成员企业的核心能力，参与虚拟企业运作，从而使成员分享基于市场的企业群体（Molina & Ponguta，1997）。相较于传统产业集群，虚拟产业集群具有如下特征：①以先进信息网络技术为基础（孙耀吾和曾德明，2005）；②以实现“创新驱动的知识转移”为主要目标（Giuseppina & Giustina，2002）；③以“组织相近”实现跨区域合作（袁丹和雷宏振，2014）；④形成柔性契约、信任双赢的协同关系网络（张树臣和高长元，2013）。虚拟产业集群利用先进的信息技术支撑系统，使产业集群通过虚拟场景展现各类产品服务，使供、产、销业务“虚拟化”从而使企业间联系高速和便捷（吕坚等，2003）。虚拟产业集群的经济场力不同于传统产业集群，其不受地域的影响，方向垂直指向虚拟产业集群，场强表现均匀（吴秋明等，2008）。受网络化信息技术和市场经济法则的共同作用，虚拟产业集群的内外竞争形式更趋于“排劣性”，并具有更为公平、公正和合理的社会文化及企业伦理基础（闫明磊，2006）。袁丹和雷宏振（2014）用组织距离衡量虚拟产业集群内企业间的“组织接近”，研究组织距离对虚拟产业集群内企业的创新水平、产量和利润的影响。根据不同方面可以将虚拟产业集群分为“蜂巢式”结构和“生物链式”结构（罗鸿铭，2004），自组织和他组织虚拟产业集群，传统和高新技术虚拟产业集群（蒋杨永，2008）。

2.2.2 互联网背景下的电子商务虚拟集群

由于虚拟产业集群突破了以往产业集群定义中的地理邻近特征，因此，在互联网蓬勃发展的今天，基于互联网而形成的非地理邻近的虚拟产业集群也得到了新的发展。特别是基于互联网应用而形成的电子商务型虚拟产业集群更是在我国得到了迅猛发展。

由产品供应商、分销商、服务供应商以及顾客依靠“互联网络协作技术”作为合作与竞争的主要方式的衍化过程被定义为“e-business communities（电子商务社区）”（James & Terry，2015）。电子商务集群的伙伴关系是通过互联网为联系纽带，以相互信任、风险共担、利益共享为基础，以各类电子商务平台和企业间的数据共享为跨区域的沟通手段，并用以产生竞争优势，创造出比单个企业更大的绩效的关系（Steinfield，2008）。电子商务虚拟集群包括传统产业集群开展电子商务，新兴电子商务产业价值链的分工合作，通过各种电子商务平台实现跨区域的产业链分工三种形式（陈德刚，2012）。其松散的网络关系与结构为集群资源优势互补、合作关系的建立及知识的共享与创新提供了崭新的活动环境（Ulrich & Frank，1999）。此外，基于案例研究，我国学者提出了厦门电子商务产业集群发展策略（池丽月，2011）、上海电子商务产业集群协同创新模式和体系结构（蒋定福，2012）、武汉九大产业集群的特色电子商务协同创新发展模式（陈德刚，2012）、浙江桐乡市中国毛衫产业集群电子商务应用与发展策略（李玉清，2013）、义乌衬衫产业集群电子商务转型影响因素与模式（李虹，2015）、农村电子商务产业集群期的演进特征（凌守兴，2015）。

2.2.3 电子商务虚拟集群创业

在虚拟产业集群形成与发展的过程中，同样存在着企业的建立与关闭、战略联盟的合并与分解、企业间的竞争与合作，也即存在着企业的进入与退出等个人创业和公司创业现象（王娜，2010）。电子商务创业是指利用包括因特网在内的计算机网络及其他电子网络通讯设备，发现和捕捉新的市场机会，提供新的商品或服务，以创造新价值的过程（龚志周，2005）。对基于阿里巴巴网站的中小企业电子商务虚拟集群研究表明，在网络空间上，资源的聚集、技术与知识的交流和外溢、中小企业间的分工合作是促进电子商务虚拟集群创业现象的重要因素，也形成了电商虚拟集群的竞争优势（林显沃，2009）。电子商务创业具有虚拟化、低成本、高效率和透明化的优势（何伟，2005）和生态性、个性化等关键特征（杜惠敏，2009）。张作为（2015）对淘宝村电子商务虚拟集群的研究表明，自发性、协同性、在线化和复制性是集群创业发展的重要特征。总体而言，已有的研究对电子商务虚拟集群的创业及其传导问题鲜有涉及，而主要集中在基于电子商务的个人创业（张永富，2007；潘建林、金杨华，2015），企业家创新（王文涛、张启义，2009），裂变型创业（Klepper & Thompson，2010），创业网络演进（董保宝，2013），创业情境（陈燕妮、王重鸣，2015）和商业生态系统（杜惠敏，2009）等方面的探讨。综上所述，已有的研究对互联网背景下虚拟产业集群的创业及其传导问题鲜有涉及。

2.3 企业创业

2.3.1 创业现象研究概述

对于创业行为的概念，不同的研究者依据其学科背景和研究目标差异进行了界定，但也没有一个通用的定义。比如早在1934年熊彼特就提出创业的本质是创新，是一种创造性破坏的过程，即通过对资源重新组合产生了新的产品和服务，使得企业得以发展和新企业得以产生。而柯茨讷（Kirzner, 1997）则强调创业是市场信息不完全带来的机遇，并认为创业在本质上是一种套利行为，包含发现机会的灵敏性和把握机会的能力两个方面。奈特（Knight, 1997）指出创业行为是指应对处理市场、技术的不确定性和为此采取的承担风险行为。上述概念指出了创业现象中的创新、风险承担、机会获取等特点，但没有明确区分创业主体的差异。事实上，20世纪80年代前，创业研究主要集中于对个人层面的创业中创业者共同特质的研究。而米勒（Miller, 1983）率先关注企业层面的创业活动，发现创业现象不仅发生在个人新建企业的过程中，已建企业，无论其行业与规模存在何种差异，也存在以创新、风险承担、超前行动为特征的创业现象。由此，创业研究开始从个人层面向公司层面拓展。鲁梅尔特（Rumelt, 1991）从公司层面出发，将创业行为直接定义为新产品的生产及由此导致的公司间的异质性。创业可以涵盖“新组织的创办”但并不一定要求创办新组织（Shane & Venkatraman, 2000），因为创业同样可以在一个已经存在的组织当中出现（Amit, Glosten & Muller, 1993）。钟和吉本斯（Chung & Gibbons, 1997）认为企业创业是企业新的资源组合过程，是进行多元化的过程。沙玛和克里斯曼（Sharma & Chrisman, 1999）明确了企业创业的定义，即是组织内的个人或群体，与其组织联合，创造新的业务机构，推动组织内部战略更新和创新的过程。谢竹云、茅宁、赵成国（2009）认为创业并不局限于特定的企业规模或企业生命周期的特定阶段，在竞争条件下，创业行为是任何商业组织（包括小企业或大企业，新企业或历史悠久的企业）取得长期成功的根本要素。古思和金斯伯格（Guth & Ginsberg，1990）将公司创业划分为公司风险投资和公司战略更新。考芬和迈尔斯（Covin & Miles，1999）在此基础上提出了公司创业行为的四种类型，包括持续更新、组织更新、战略更新和领域更新。其中，公司定期地开发新产品（或服务）以利用市场机会是持续更新；公司创造出新的产品市场来获取竞争优势是领域更新。

综合上述，创业现象既有个体层面的又有公司层面的。前者主要考察的是创业者如何创办“新的”“小”企业，专注于企业创立和经营的前期[①]；后者则关注现有企业如何开展各种“创新”和“灵活性”的创业战略以获取持续竞争优势。

此外，学术界存在其他有关企业创业的名词，如“内创业（intrapreneurship）”，“衍生创业（enterprises derivation）”，“创业导向（entrepreneurial orientation）”等。内创业是指公司发展到一定阶段之后，在现存组织内部，为了获得创新性的成果而得到组织授权和资源保证的创业活动，如新产品、服务、技术、管理技能的开发，以及新战略和新的竞争能力的形成（吴道友，2005）。因此，其本质是公司发展到一定阶段后的再次创业或二次创业。衍生创业指母体企业有计划设立的新企业。汪良军（2007）认为衍生创业有两种：一种是母体企业公司战略的选择，在本质上是属于公司的内部创业，它与母体公司在权益方面具有不可分割性；另一种是由企业原先雇员（即跳槽人员）创立的独立企业。显然，前者即公司层面的创业，后者即个体层面的创业。朗普金和戴斯（Lumpkin & Dess，2001）把创业导向定义为导致新的进入的过程、实践和决策制定活动。其五个重要维度分别是创新性（innovativeness）、冒险性（risktaking）、自治性（antonomy）、先动性（proactiveness）、竞争侵略性（competitive aggressiveness）。因此创业导向是用于描述创业过程的一种工具。公司创业的各种行为表现出创业导向的特征，创业导向体现在公司创业活动中（温伟祥，2008）。企业创业和创业导向两者的核心差异在于，前者是已建企业的创业行为，即企业从事创新、更新和风险投资活动的总和（Zahra & George，2002）；而后者指企业从事创新、风险承担和

① 与《全球创业观察》（*Global Entrepreneurship Monitor*）把成立时间不长于42个月的企业视为创业企业的定义相吻合。

超前行动的倾向性（Simsek et al.，2008）。

2.3.2 企业创业能力研究

在日趋激烈的全球化动态环境中，许多大企业在经历规模发展的时间积累中逐渐失去原有的应变能力和创新能力，增长陷入停滞，甚至被小企业超越。因此，企业创业能力有关的研究日渐被学术界和实践界广泛关注。

在使组织适应多变的环境从而获取持续竞争优势的研究中，动态能力概念应运而生。蒂斯等（Teece et al.，1997）将动态能力定义为企业整合、建立和重构（reconfigure）企业内外胜任力以达到适应快速变化的环境的能力，并建立了著名的动态能力理论框架。根据其分析框架，动态能力强的企业能使其资源和能力随时间与环境的变化而改变，并能利用新的市场机会来创造新的竞争优势。此后，众多学者根据不同的研究视角对动态能力概念进行了补充。艾森哈特和马丁（Eisenhardt & Martin，2000）将动态能力理解成一种组织过程或战略惯例，即企业通过获取、释放、整合或重组资源来适应或创造市场变化，或借助战略不断调整和配置资源。泽楼和温特（Zello & Winter，2002）则将动态能力理解成一种创造能力的能力，即企业扩展、调整或创造常规能力的能力。董俊武（2004）认为动态能力中的“动态”是指为适应不断变化的外部环境，企业必须具有不断更新自身能力的能力；而“能力”则是指战略管理在更新企业自身能力（整合、重构内外部组织技能或资源）以满足环境变化方面具有关键的作用。正是因为动态能力的异质性，企业经营结果大相径庭。刘井建（2011）认为动态能力源自企业的资产（即技术、财务、声誉等）、演化路径（内部学习）和管理惯例，包括革新技巧、资源和能力，最终被用于创造或捕获市场机会。动态能力内嵌于组织过程和惯例中，它不是即席发挥，而是惯例化和模式化。

阿尔瓦雷斯和巴尔尼（Alvarez & Barney，2000）从资源观视角提出创业能力是公司超过对手模仿的、持续的创新能力，创业能力本身是一种资源的重新整合。因此，资源观认为创业能力主要体现在资源整合能力方面。基于机会观视角，谢恩、洛克和柯林思（Shane，Locke & Collins，2003）认为机会探索和开发能力是创业企业最重要的能力。机会识别能力是最重要的创业能力之一（贾宝强，2007）。因此，机会观认为创业机会的探索能力是创业企业实现创业目标的最重要能力。在前人对创业能力的研究基础上，张玉利等人（2011）将创业能力分为组织能力、机会能力、关系能力、承诺能力、战略能力、概念能力，并基于创业学习探讨了创业者经验对创业能力的作用。创业者的行为受先前经验的影响，而创业者行为又是创业能力的外在表现，这意味着具有更多高质量先前经验的创业者更可能采取正确的行动，从而表现出更强的创业能力。因此，经验观认为创业能力体现在先前经验的水平上。唐靖、姜彦福（2008）把创业能力划分为机会识别与开发能力和运营管理能力。罗志恒（2009）实证研究了创业能力与企业绩效间的转化，把创业能力划分为机会识别能力和资源整合利用能力两个维度。

2.3.3 集群创业与升级

针对创业的研究中，越来越多的学者关注从社会环境来研究创业现象和创业问题。在此意义上，产业集群为研究创业现象和过程提供了恰当的环境条件。有关产业集群与创业的研究普遍认为产业集群的区位优势如地理位置、交通条件、通信设施、自然资源禀赋等有利于创业。克鲁格曼（Krugman，1999）从集群经济的角度指出，创业活动更有可能集中出现在具有明显人才优势的地区。在那些人力资源集中的区域，个人间会产生知识的外溢，个人的生产力会随之提高（Gersbach & Schmutzler，1999），进而会刺激创业活动。仇保兴（1999）认为集群对创业的促进作用表现在分散创业风险、降低创业成本，获得互补结构、增强竞争力，减少交易费用、降低进入门槛。产业集群的发展，与部分带头企业和个人的创业示范作用是紧密相关的。朱宪辰、杨静文（2003）对国内三个中小企业集群中的创业活动进行了调查、发现产业集群中特有的具有可比的企业主之间的模仿与合作、本地信息知识交流、政府部分介入程度等因素都对创业活动有明显的推动作用。杨静文（2004）认为丰富的市场信息、新的市场机会、产业集群自身良好的环境、产业集群对外部投资者的吸聚效应等，共同形成了产业集群健全的创业机制。王朝云等（2011）认为企业创业需要各种类型的资源，特别是机会导向型的创业型企业会尽力从各种渠道获取所需的资源来把握和利用商业机会，而产业集群为企业提供了一种新的资源获取方式。李功网等（2011）基于创业的提摩模式研究了产业集群如何从创业机会、创业资源、创业者等方面影响创业。戴维奇等人（2009）以浙江永康五金产业集群为研究背景，构建了针对集群企业的创业量表，其研究结果表明，集群企业的创业行为主要包括管理创新、产品创新、国内风险投资和国外风险投资四个维度。

此外，一些学者发现了企业网络对企业创业日趋重要的影响，并进行了相关研究。如西姆西可、鲁百特金和弗洛伊德（Simsek，Lubatkin & Floyd，2003）提出了网络嵌入性影响企业创业活动的理论模型，认为企业在网络中的嵌入性与企业决策的制定相互影响，其中关系嵌入性和认知嵌入性水平提高有助于推进渐进式企业创业活动，而不利于激进式企业创业活动。滕（Teng，2007）研究了战略联盟有助于企业创业活动的内在机制，认为战略联盟为企业创业活动填补了资源缺口，表现在其从联盟中合作伙伴处获得的异质性互补资源比一般性资源多，有利于企业获取先发优势。企业集群作为一种新兴的企业网络组织，也被认为有利于企业创业活动的实现（张玉利，2003）。彭一林（2006）认为早期创业对产业集群所产生的路径创造居于主导地位，后期产业集群发展所导致的对创业的路径依赖居于主导地位，这并不排除创业本身所具有的路径依赖性。创业可能为区域企业提供与全球网络和全球市场的联系，有助于保持产业集群的适应能力。姚先国等（2008）以资源获取为切入点，以企业集群中独特的网络资源对企业创业活动影响为主线，对企业集群影响企业创业活动的内在机制进行探索性研究。

研究者们从实践中观察到，有的集群往往发展到成熟期就难以继续发展，主要原因是创新、创业停滞，并最终慢慢衰退。比如128号公路区域的微电子产业，因为过于向内集中和过度依赖于过去成功因素，出现创业活动减少，走向衰退；德国鲁尔地区的煤和钢铁由于早先的成功形成“刚性专业化陷阱”，妨碍了新集群和产业形成从而日渐衰退（彭一林，2006）。而部分集群通过产业转换和升级，进行二次创业，形成了新一轮发展。如长沙机械集群内大型企业中联重科、三一重工、山河智能等企业的成功创业带动了集群内其他企业的创业，促成了整个长沙机械集群的升级，使其在2010年成为长沙第一个千亿企业集群（黄纯，2012）。集群的创业升级成为理论和实践研究中的新一轮热点。朱建安和周虹（2008）将集群升级从宏观和微观两个层面来分析，宏观层面的升级指在全球价值链的分工体系中，集群依靠创新而获得价值增值水平的提高（Pietrobelli，1998）；微观层面的升级是指集群企业的升级，即企业通过获得技术能力和市场能力以改善其竞争能力以及从事更高附加值的活动。戴维奇（2008）提出集群升级的本质特征是集群竞争能力的提升，而集群企业升级的本质则是集群企业竞争能力的提升。因此，有关集群的企业创业研究与集群升级的研究形成了交叉融合。

2.4 复杂网络

2.4.1 复杂网络理论

20 世纪 60 年代，系统科学论利用耗散论、协同论和信息论等研究社会经济系统的发展规律；70 年代末，非线性复杂经济学利用混沌、分形、自组织等理论来研究社会经济系统；80 年代，关注复杂系统内部个体的复杂行为及其对系统整体特征影响的 Swarm 仿真平台建立，标志着复杂适应系统理论形成。一些学者基于图论提出以网络作为复杂系统的一个最基本的数学模型，把复杂系统中的基本单元看成节点，把基本单元之间的相互作用看成节点之间的连线。到 20 世纪末，计算机技术的迅速发展将许多典型复杂系统抽象出相应的网络，这些网络具有与现有图论所研究网络不同的一些共性特点，从而出现了复杂网络理论。

复杂网络理论将社会个体间的相互关系看作连线，从而发现了小世界的特点（Watts 和 Strogaz，1998）。许多学者将企业间关系看作网络，研究企业网络的结构、企业在网络中的位置（Powell，Koput & Smith，1996）等因素对企业绩效和市场结构等变量的影响。复杂网络理论为这种研究提供了更为科学的定量方法和工具。鲍威尔、考伯特和斯密斯（Powell，Koput & Smith，1996）考察了 1988 ~1999 年间 482 家独立运作的生物科技公司，用连线表示这些公司间存在合作关系（如共同研发、专利共享、融资、商业合作），从而形成企业间网络。巴巴斯等（Barabasi et al.，1999）提出了无标度网络模型（Scale－Free）（简称 BA 模型），该类网络具有度分布的异质性，即网络中大量节点度数不高（连线不多），少数节点度数很高（连线非常多）。这符合很多现实网络尤其是社会经济网络的结构特征。复杂网络提供了新的思考问题的方式，有利于更好地理解不同主体之间或者复杂系统之间的相互作用，深化了对社会经济系统复杂性问题的认识（Strogatz，2001）。

2.4.2 集群网络与复杂网络的关系

汉肯森（Hakansson，2002）提出了影响网络组织结构的基本变量（主体和资源）和网络构成关系（企业关系），将集群网络结构视作复杂网络进行了研究。奇利斯（Chiles，2006）以密苏里音乐剧院集群的诞生和成长过程为例，从复杂理论中的耗散结构角度描述该集群的复杂网络的形成。弗拉米尼奥和里卡尔多（Flaminio & Riccardo，2002）进一步认为集群内部网络特征：异质性、局域网络性、功能整合性、企业合作等都能很好地拟合复杂网络系统特征，并从资源，绩效和技术三个维度通过仿真模拟分析集群效益。弗朗西斯卡等（Francesca et al.，2008）建立集群复杂网络动态模型，模拟社会评价对集群动态演化的影响。何铮等（2005）以东莞 PC 集群为例，将集群作为复杂适应性系统来研究。在此基础上，谭劲松等（2009）运用复杂网络理论中聚类系数、度分布、平均路径长度等指标来研究集群自组织过程。运用复杂网络研究集群可以更好地把握企业间联系对集群整体演进的作用，从而有助于了解集群演进的独特机理。根据复杂理论的观点（Gleick，1987），"初始条件"可能会影响未来集群演化的轨迹，而"路径依赖"的现象对集群演化研究的意义在于某一特定阶段的外部环境和企业战略可能决定未来的发展路径（Tan，2005）。

2.4.3 复杂网络上的扩散研究

2.4.3.1 复杂社会网络上的扩散现象

社会网络是以人、人的群体或社会单元为节点构成的集合，这些节点之间具有某种接触或相互作用模式（Scott，2000）。若节点数量庞大，且节点间相互连线（代表点之间的接触或相互作用）呈复杂构型，则可称为复杂社会网络。由于真实世界的网络往往具有大量节点，且节点间关系错综复杂，具有复杂社会网络的小世界和无标度等共有特征，因此，复杂社会网络是比传统社会网络更科学的分析平台（赵正龙，2008）。复杂社会网络上的扩散主要指产品技术、行为策略、思想文化和群体现象等在特定网络结构的社会网络中的传播（赵正龙，2010）。复杂社会网络上扩散的特征包括：第一，个体间的相互作用对于整个扩散过程具有关键作用。第二，个体决策不仅取决邻居的选择，还会受到个体间联系网络的复杂拓扑构型的影响（Westarp，2000）。第三，个体选择受到外部因素和人际关系网络的共同影响（Rogers，1995）。

研究表明，真实世界中大量社会个体间联系所构成的网络呈现的统计特征，如小世界效应（Watts 和 Strogatz，1998）和无标度特征（Barabasi et al.，1999），可能导致扩散过程出现新的变化（Pastor & Vespignani，2001）。网络中个体间存在相互作用，这是因为社会网络中其他个体的选择会形成、影响甚至改变个体观念和态度，促使其选择采用或者拒绝（罗杰斯，2002）。此外，复杂网络上的同步、扩散、搜索等各种动力学行为都在很大程度上受到拓扑结构的影响，不同结构的网络，其动力学行为表现出明显的、本质上的差异（赵正龙，2008）。应用最为广泛的扩散动力学模型是传染模型（epidemic model），其最早是由格利里奇斯（Griliches，1957）提出，基本思想是把人群按不同性质分成几种类型，然后通过在流行病传播过程中这些不同类型的子人群的相互关系来建立数学模型。该模型经发展日渐趋于成熟，常被用以研究大量与疾病传染相似的各类扩散动力学过程，如计算机病毒在计算机网络上的蔓延、人群中的疾病传染、知识和信息在社会中的传播、创新的扩散（段文奇，2006）等。赵正龙等（2008）研究认为复杂社会网络中的扩散不仅受到大众媒体等外部因素影响，更与其社会关系网络中邻居个体的选择密切相关，并进一步用“邻居效应函数”刻画邻居对个体选择的影响机制，分析了外部因素与邻居效应共同影响下的扩散均衡及其影响因素。

2.4.3.2 创新扩散

根植于经济学、地理学、市场学、人类学、社会学及其他学科，借鉴流行病学的有关方法，创新扩散理论被用来解释新构想、新实践如何在组织内和组织间进行传播。罗杰斯（Rogers，2002）梳理并回顾了 1943 年来这一领域的许多研究，确立了一个适用性广泛的一般扩散模型。此后，这一模型得到了更新并被注入了新鲜的理论和分析方法，使得创新如何在组织内和组织间传播的研究更加突显（钱锡红、徐万里，2009）。

刘超等（2006）指出创新扩散是指一项创新通过某种渠道被社会系统成员所接受的过程，建立扩散模型的主要目的是提出创新在一组预期采用者之间随时间传播的层次，并描述采用者数量的连续增长方式，以实现对技术创新未来前景的准确预期。赵正龙（2008）根据对扩散过程的不同理解，将创新扩散模型分为宏观扩散模型和微观扩散模型两大类。宏观扩散模型将在某一特定时期创新采纳数量看成是社会系统潜在容量的一个比例，着重考察"扩散的速度"（diffusion rate），同时假设个体间相互作用是独立同分布的，即扩散过程对于每个个体而言是相同且独立的；宏观扩散模型包括外部影响扩散模型、内部影响扩散模型、混合影响扩散模型。微观扩散模型主要从社会系统成员个体出发，强调个体是否采用某种创新是一种决策行为，不仅是个体通过学习获得信息，通过自我分析和判断进行决策的理性行为，也是通过个体互动（individual interaction）从而改变决策的动态过程；微观扩散模型包括阈值扩散模型、基于个体间策略性互动的扩散模型、基于消费者行为特征的扩散模型等。李英和马寿峰（2006）认为宏观数学模型的参数可以依靠宏观统计数据确定，微观仿真模型的参数需要微观层面企业行为数据的支持。奚丽娟（2006）从宏观层面提出了技术创新的传染模型，这种方法认为企业之所以会采纳新技术是因为被"传染"，其假设限制技术扩散的主要因素是信息，通过研究技术创新信息的传播来研究技术创新扩散的时间路径。

2.4.3.3 多主体仿真方法

人工智能领域中代理理论与技术的发展引发了基于 Agent 的建模方法（agent based model，ABM）。该方法围绕行为主体，通过对其内部和外部情况的理解建立一个抽象模型，尝试了创新扩散研究领域中的应用，分析了社会关系对创新采纳行为的影响。艾盖泽（Elgazzar，2003）研究了小世界网络结构下 Agent 单纯采用不同规则的创新采纳情况；罗德里格斯等（Rodriguez et al.，2004）则研究了一维链条结构下的混合策略。李英和蒋录全（2010）在上述研究基础上认为，实际的社会网络不仅具有小世界特性，且可能同时存在具有合作精神的个体和利己的个体，并对此进行了仿真研究。在基于 Agent 的仿真模型中，系统演变和进化的主要动力是个体与环境（包括个体之间）的相互影响，而不是个体本身的内部属性。

在研究方法上，运用仿真方法可以考察“初始条件”和“路径依赖”对集群演进的影响。其对复杂系统演化的形象刻画，对复杂系统各主体之间互动关系以及对外部环境的适应性的完整体现，都是传统方法（数学模型）无法比拟的（廖守亿等，2008）。因此，仿真方法非常适合研究集群创新网络的演化问题。居凯瑞亚（Giaccaria，1997）利用人工神经网络建立了产业集群多主体模型。艾伦和麦克格莱德（Allen & McGlade，1986）建立了加拿大 Scotia 地区捕鱼产业群的多主体仿真模型。费奥瑞迪（Fioretti，2001）建立了由处于不同生产阶段企业所组成的意大利 Prato 纺织业集群的多主体仿真模型，并认为多主体仿真模型非常适合研究由竞争和互补企业组成的集群所出现的各种现象。罗赞娜（Rosanna，2005）认为，对集群创新网络和新产品开发体系这种网络发挥关键作用的复杂适应系统，用多主体仿真模型进行研究是一个正确的选择。维托、农齐亚和詹诺卡罗（Vito，Nunzia & Giannoccaro，2006）建立了集群创新多主体仿真模型。研究结果发现，产业集群的主体只有不断地修正创新活动，才能适应激烈、残酷的竞争环境；选择适宜的学习模式有助于集群保持持久的创新能力；主导企业的存在可以提升集群的创新能力，但不能保证整个集群的持续竞争力。

2.5 创业政策

2.5.1 创业促进

创业政策的研究始于 20 世纪 90 年代中期，主要基于对国家或区域政府层面进行研究，但有关创业政策的研究还远远不能适应创业实践的需要。多数国家创业政策是由中小企业（优惠）政策或对特定群体扶持政策转变而来（邓汉慧等，2011）。朗德斯托姆和斯蒂芬森（Lundstrom & Stevenson，2001）认为，创业政策是为激励一国或地区经济主体创业精神并提高其创业活动水平而采取的政策措施，是动机、技能和机会耦合的结果，因此，创业政策及其理论框架应围绕创业动机、创业技能与创业机会来设计和构建。一是要激发创业热情；二是要提供创业知识和技能；三是要进行资源和环境支持。据此，创业政策应分成新企业创立政策、中小企业政策、有针对性的创业政策和综合的创业政策。创业政策是有关激励创业者及其创业精神的政策措施。其对象是处于发展前期、起步和之后42个月之内的企业。创业政策的设计和实施涉及3个领域：动机、机会和技能；其主要目标是鼓励人们参与创业，进入到创业初期阶段并实现起步。科林斯（Collins，2003）认为创业政策是政府为鼓励小企业创立、成长所采取支持措施。哈特和戴维（Hart & David，2003）认为创业政策的本质是刺激创业，即为新创企业提供更好的成长机会，激励更多的人选择创业，提高新创企业的存活率，减少新创企业面临的不确定性。王玉帅、黄娟、尹继东（2009）在创业过程理论基础上，提出了包含创业动机、机会识别以及企业创立三个阶段的创业政策框架，他们认为创业政策是刺激创业动机的一个重要因素，其目的是扩大创业机会的容量，提高民众识别机会的能力，在提供信息上给予支持，为这些识别到机会的个体提供资金等物质条件以开发机会。此外，在创业政策推动下的众多中小企业的成长反过来又会激起其他人的创业动机，引导潜在创业者搜寻、开发机会，乃至建立新企业，最终形成一个动态正反馈环。埃斯和斯泽博（Acs & Szerb，2007）强调区域性的创业政策应使新企业的形成和增长成为一个“正和博弈”，即应该是创造而不是从别的地方争夺（吸引）已存在的企业。方世建、桂玲（2009）分析了经济增长不同阶段的特点及与创业的关系，并认为在当前“创新驱动阶段”，创业行为通过其知识溢出、促进竞争和动态的企业结构和多样化的服务促进了经济增长。

瓦格纳和斯腾伯格（Wagner & Sternberg，2004）通过研究德国不同地区的创业政策对创业活动的影响后认为，地区政策应当充分考虑企业集群等创业环境对个体创业态度的影响，把鼓励创业集群作为创业政策的一个重点。付强（2005）认为支持性政府政策和政府对集群内企业的直接财政资助是集群企业创业激励的主要方式。赵都敏和李剑力（2011）在对国内外创业政策进行比较研究的基础上，提出两个当前创业研究的核心问题：一是创业政策应该在关注创业者和潜在创业者个体的同时，关注已有的中小企业，并且涵盖整个创业过程；二是创业政策在关注中小企业的同时，还要考察创业集群及网络等问题。

2.5.2 创新激励

景云祥等（2006）指出大量的中小企业的创立与成长（个体创业）和大企业内部的二次创业活动（企业创业）是创业型经济诞生和发展的两股重要推动力量。因此，完整的创业政策体系也应该鼓励和支持已有企业的内部创业、创新等（徐二明，2004）。董本云（2010）认为创新激励机制的核心是激发中小企业的创新热情，从而引发创新行为。在创新的低级阶段以外生激励为主，在创新的高级阶段以内生激励为主。政府的政策引导是外部激励中的一种，而树立企业家使命、激发企业中层骨干的技术创新激情和形成企业的创新文化是常见的内部激励。上述是以企业作为创新激励的对象进行的研究，而事实上，企业创新行为也与企业人员这一主体密不可分，因此有学者从行为产生者入手进行了研究。如李小群（2009）从企业与科研人员间的双向选择关系入手，讨论了对企业科研人员创新激励措施。张云月（2010）基于三个集团型企业的内部创新激励实践探讨了企业内部创新激励的方案与效果。

围绕产业集群，一些学者从创新溢出与扩散的视角研究了集群创新激励。蒋东仁（2006）提出了集群创新中的政府行为模式，即引入创新源、运用组织机制和推进技术扩散，并分析了这些行为模式的适用条件、特点等。冯新勤（2006）定性探讨了集群自主创新的激励框架，构建了市场激励与政府激励的概念模型。杨萍（2008）认为通过支持创新的政策，可以创造一种促进创新研发、创新成果应用、创新扩散与市场化的机制。李敏、杨建梅、欧瑞秋（2007）认为，中小企业集群内的知识和技术外溢会带来集群内模仿行为，挫伤创新企业技术创新的积极性，在对义乌小商品制造集群的实证研究后发现，把企业间技术创新与横向合作联结起来所可能形成的制度安排将有效解决创新激励不足的问题。蒋长流和王晴（2007）认为外溢是创新的一个重要特征，但创新反而不断涌现，创新行为附着于企业的核心能力，而能力作为一个整体是无法完全外溢的。创新的不断涌现会为创新企业带来独占地位、声誉效应和先发优势，而这又形成了对企业创新的内在激励，因此在创新激励中应尤其注重创新能力的培养。赵骅、丁丽英、冯铁龙（2008）通过对企业集群内部技术创新扩散的特征和活动进行分析，揭示了企业集群在保持创新扩散持续性过程中所存在的障碍，利用激励理论中的委托—代理理论，搭建起企业集群内部技术创新扩散激励机制框架，特别指出对于企业技术创新扩散激励的评判标准应该是实施扩散的活动水平而不是企业的规模和资质。

2.6 理论评述

本书文献综述的脉络是：首先通过对当前产业集群研究的综述，明确当前产业集群研究中的主要问题，即对产业集群的研究不仅应重视对其中企业这类主体的研究，同时也应注重对其之间存在的关系进行研究；对产业集群的竞争优势及可持续发展能力的研究离不开对其创新能力的研究，不仅是集群形成中的新创企业创业过程的研究，还应注重对集群内的企业创新创业进行研究；在互联网背景下，虚拟产业集群得到了新一轮快速发展，将逐渐成为当前产业集群研究的重点关注对象。然后围绕上述问题进一步扩展文献综述范围，分别形成对企业创业的相关研究综述和复杂网络研究综述。前一部分从创业现象研究入手，推演了企业创业能力的研究和集群创业与升级的研究；后一部分从复杂网络理论入手，推演了虚拟产业集群网络与复杂网络的关系研究，以及复杂社会网络创新扩散研究。最后，从创业政策和创新激励两方面对有关创业激励的研究进行了概述。

上述研究综述，已初步为进一步研究基于互联网的虚拟产业集群创业行为及其传导奠定了一定的基础，但对本书研究问题的系统性研究是缺乏的，主要在于以下几方面：

（1）从产业集群理论来看，已有研究对于集群企业创新研究相对较多，尽管创新是企业创业的本质但不能代表企业创业活动的全部。企业创业活动的特征除了创新还包括风险投资活动。创业领域研究虽然已开始关注产业集群内部的创业现象，但大部分仅关注个人层面的创业，而对集群企业层面的创业研究非常缺乏，而集群企业创业与非集群企业创业、个人创业存在较大差别。作为存在于集群网络中的企业，其行为选择与非集群企业的行为选择必然存在差异。因此，必须明晰集群企业创业行为的本质，并通过进一步研究理解集群网络影响这种行为选择的机制。

（2）现有研究已注意到集群网络特征与企业创新能力之间的联系，但往往只针对网络关系或网络结构两者之一进行研究，且不同研究者基于研究出发点差异而得出的研究结论存在悖论现象。而事实上，企业在网络中是由关系嵌入与结构嵌入两方面构成，特别是基于互联网的虚拟产业集群的企业，其网络关系与结构特征更需要深入分析。因此，基于上述两个维度的网络特征如何影响虚拟产业集群企业的创业能力，从而影响其创业行为有待从理论层面进行深入研究，并在定性分析基础上通过实证方法进行定量研究加以验证。

（3）尽管现有研究已开始从复杂网络视角对集群网络进行了研究，但并未进一步讨论关于创业行为在虚拟产业集群网络上传导的机制。实际上，集群企业创业传导就是一个复杂社会网络的行为扩散过程，具有复杂社会网络扩散的基本特征；同时，企业创业行为从其概念上看属于一种创新行为。因此，集群企业创业传导也符合复杂网络创新扩散的模型特征，可以选择特定的复杂网络创新扩散模型加以仿真研究。

（4）与集群创业政策相关研究主要在于创业政策和创新激励两方面，是互相孤立的，且没有深入分析集群环境的实际作用。而基于以上部分的研究综述启示，必须明确集群企业创业和创业传导这两个关键点，即必须将集群企业创业行为及企业间的影响进行深层次的分析，在研究中应重点关注集群创业政策、创新激励和创业传导这三大层面的激励。

第 3 章

产业集群网络对创业的影响机理

3.1 关键概念界定

3.1.1 集群网络

企业网络（inter-firm network）指以企业为主体构成的网络形态，其关键特征在于企业间存在重复和持久的关系和能够实现可感知的秩序，经常交流和互动的企业之间具有一定程度的相互依赖性（Storper，1995）。研究者依据不同视角对企业网络给出了不同的定义。戈梅斯（Gomes，1994）将企业网络定义为彼此独立的企业通过合作协议联结起来的集合体。法斯（Foss，1996）认为企业网络是特定企业间持久稳定的关系模式，而古拉蒂（Gulati，1998）从功能的角度将企业网络描述为企业间关于资源交换、共同开发产品、共享技术和服务的一种资源的安排。上述定义都强调了企业间相对稳定的相互关系。企业网络对企业的经营活动和经营成果产生了重要的影响（方刚，2008）。集群网络体系有多种形态，成功的产业集群并不要求必须同时拥有与大学、政府或其他中介组织的联系，但核心网络是集群内企业间联系所构成的企业网络（蔡宁、吴结兵，2006）。例如，好莱坞的电影制造业集群中，企业与政府和大学的联系较少，更多的是企业间的网络联系；意大利的家具、皮靴、纺织和服装集群缺乏密切的大学联系仅拥有商业和政府联系，而其软件集群则具有商业和大学联系但政府联系较为薄弱。整体上看，集群企业网络具有稳定性、层次性和演化性。

本章所研究的集群企业网络由集群内部的企业及其之间的关系所构成。基于这一概念界定，本章探讨的集群企业网络具有如下特点：

（1）企业是网络的主体，是网络中最重要的经济单元，集群内的其他行为主体（政府机构、大学及科研院所、金融机构、中介机构）的行动都是为了更好地服务于这个中心主体；

（2）企业之间的关系是关联各企业主体的纽带，这种关系从形式来看涵盖现有研究中的正式关系和非正式关系，从内容来看包括现有研究中的商业关系、社会关系、信息关系等；

（3）集群企业网络是各行为主体在交互作用中建立的一种相对稳定的关系；

（4）集群企业网络是一种地方性的网络，网络中的成员都位于集群内部，即地域上高度集中。

基于本章首先所要研究的是集群企业的创业行为，因此，本章以集群企业为对象，探讨其在整个集群企业网络中具有的网络嵌入特征。

组织网络的出现与发展，使研究人员关注到社会结构与经济行为的关系问题，并认为嵌入将行动者的动机从狭隘的追求快速回报转移到构建信任与互惠的关系上（Powell，1991；Smitka，1991）。企业网络能促进重要经济结果的形成，因为嵌入在企业网络中的企业将使用整合机制来解决、协调和适应问题（Romo & Schwartz，1995）。关于“嵌入”概念及其类别的一系列相关研究（见表3－1）明确了嵌入理论发展的主线。本章旨在研究集群企业网络对其创业能力的影响，因此选取格兰诺维特（Granovetter，1985）的嵌入观点及类别对集群企业在网络中的嵌入加以研究。其研究强调行动者嵌入于周边具体的、不断发展的社会结构中，并受其影响，同时又有目的的展开行动，并将嵌入分为关系嵌入和结构嵌入两大类别。前者关注的是关系的特征（Rowley，Behrens & Krackhardt，2000），反映了在二元关系中的嵌入性；后者关注的是关系结构的特征，反映的是在整个关系网中的嵌入性。

表3-1　　嵌入的定义和类别

代表学者	嵌入的定义	嵌入的类别
马斯登和坎贝尔（Marsden & Campben，1984）	一个群组内的交易具有一个不断发展的社会结构，这一社会结构能约束个体行动者可能采取的行动，也能改变行动者对于各种可选行动的意向	交易嵌入、关系嵌入、行动嵌入
格兰诺维特（Granovetter，1985）	经济活动融入不断发展的社会关系模式中	关系嵌入和结构嵌入
祖金和迪马乔（Zukin & DiMaggio，1990）	社会关系对经济上理性行为的影响	结构嵌入、认知嵌入、文化嵌入、政治嵌入
乌兹（Uzzi，1996）	社会关系影响经济行为的过程。其影响存在由正向效应转向反向作用的临界点（即“嵌入悖论”）	位置、结构、关系
海格杜姆（Hagedoorn，2006）	组织间交互关系对行为的影响	二元层次、组织间层次、国家和产业层次

资料来源：作者根据上述代表学者观点整理。

3.1.2　集群企业创业行为

20世纪80年代以前，对创业行为的研究主要集中于对个人层面的创业研究。米勒（Miller，1983）率先关注到企业层面的创业活动，发现创业现象不仅发生在个人新建企业的过程中，已建企业，无论其行业与规模的差异，也存在以创新、风险承担、超前行动为特征的创业现象。此后，创业研究开始从个人层面向企业（公司）层面拓展。鲁梅尔特（Rumelt，1991）将创业行为直接定义为新产品的生产及由此导致的公司间的异质性。扎赫拉和乔治（Zahra & George，2002）指出公司创业是公司所有创新、更新和风险投资活动的总和。钟和吉本斯（Chung & Gibbons，1997）强调企业创业是企业新的资源组合过程，是进行多元化的过程。

3.1.2.1　集群企业创业、个人创业、非集群企业创业

根据集群生命周期理论，产业集群如同自然界的生物，通常具有形成

（formative phase）、成长（growth phase）、成熟（maturity phase）、衰退（petrify phase）或升级（upgrading phase）等阶段。区域内的创业过程是产业集群形成和发展各个阶段的重要因素，是一系列企业创立和不断衍生的过程。布雷斯纳汉等人（Bresnahan et al.，2001）将创业看成产业集群的一个整体能力来测度产业集群的成功与否。创业对于产业集群的发展产生了定量和定性两种不同的影响。定量影响与区域产业集群内的企业数量有关，如以个人创业为特征的新企业的形成具有纯粹的定量作用，往往在产业集群形成、成长期中扮演重要作用；定性影响与区域产业集群的持续创新能力有关，如以产生于已有企业内的新的、创新型的竞争力重组为特征的企业创业体现了定性作用，往往在产业集群成熟期、衰退或升级期中占有主导作用。

本章研究的集群企业创业专指集群中已建企业的创业行为，考察的是集群内部企业层面的创业行为，综合米勒（Miller，1983）、扎赫拉和乔治（Zahra & George，2002）、沙玛和克里斯曼（Sharma & Chrisman，1999）等人的企业创业定义，本章定义集群企业创业行为是集群内已建企业的创新、风险投资活动的总和。它与个人创业的差异表现在公司创业与个人创业的差异上，其关键是公司创业包含复杂的组织过程（温伟祥，2008）。而集群企业创业与非集群企业创业的差异一方面主要表现在创业主体的特征差异上，即集群企业创业所考察的主体是集群中的已建企业，而非集群企业创业所考察的主体并不一定是集群内部的企业，这是上述两个概念最根本的区别。此外，拘泥于原子主义思维研究企业创业战略，难以解释网络经济时代企业网络的高创业能力（温伟祥，2008）。因此，集群企业创业与非集群企业创业的区别还在于，集群企业嵌入于产业集群复杂的网络中，其创业行为的影响因素与非集群企业的存在差异。集群企业创业、个人创业、非集群企业创业的比较如表 3－2 所示。

表 3－2　集群企业创业、个人创业、非集群企业创业的比较

比较项目	集群企业创业	个人创业	非集群企业创业
考察主体	产业集群内的成立 42 个月以上的企业	成立时间不超过 42 个月的企业	非产业集群内的成立 42 个月以上的企业

续表

比较项目	集群企业创业	个人创业	非集群企业创业
分析视角	嵌入于产业集群的企业组织层面	个人层面（与已建企业没有关联）	企业组织层面
创业活动	产品创新、管理创新、风险投资	新建企业	产品创新、管理创新、风险投资
研究关注点	创业过程中嵌入于集群网络的组织行为的特殊规律	创业者个体特质、风险资本获得	创业过程中组织行为的一般规律

资料来源：作者根据米勒（Miller，1983）、扎赫拉和乔治（Zahra & George，2002）、沙玛和克里斯曼（Sharma & Chrisman，1999）、温伟祥（2008）等人的观点整理。

3.1.2.2 集群企业创业行为选择

创业是蕴涵大量不确定因素的行为过程（杨俊、张玉利，2004）。集群企业的禀赋差异必然导致不同的创业行为预期，形成不同的创业动机，最终外化为不同的创业行为。企业层面创业行为以创新、风险承担、超前行动为特征（Miller，1983）。20 世纪 80 年代以来，针对创业精神（Entrepreneurship）的研究试图解释创业行为过程与行为结果。谢恩和万卡特拉曼（Shane & Venkatraman，2000）认为创业过程是围绕机会识别、开发与利用的一系列过程。蒂蒙斯（Timmons，1978）认为创业是一种思考、推理和行为过程，并提出创业过程模型（见图 3－1），即创业过程是创业机会、创业团队和资源之间适当配置的高度动态平衡过程，其中，创业机会是创业过程的核心要素。国内学者在上述模型的研究框架上，进一步作了细化。如张玉利（2003）的创业行为过程概念模型描述了创新概念引起创业的机会感知，并进一步引发与企业执行力相关的资源整合、创业活动过程。尚泉泉（2010）的创业过程模型初步描述了创业选择过程的影响要素和创业选择结果的关系，认为是外部环境影响下的动机和创业主体内部资源整合形成的创意共同构成商机，这种商机在外部环境支持和资源整合过程中，形成创业成功或创业退出；对创业成功的情况而言，企业在协调内部资源以适应外部环境过程中，实现持续发展或创业退出。

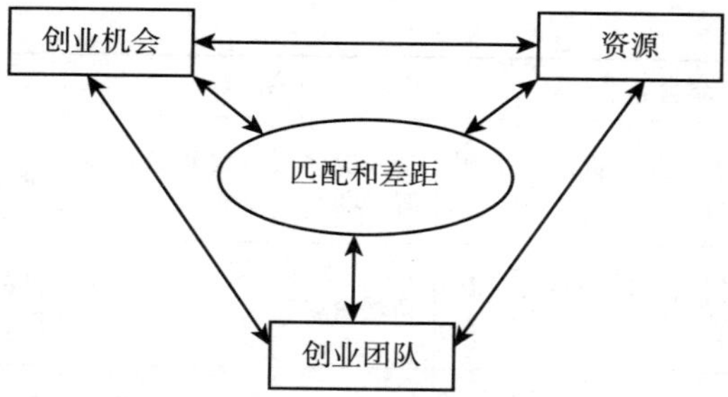

图3-1　蒂蒙斯的创业过程模型

从这些创业模型中，可以提炼出“认知、机会、资源”是创业选择过程中的关键要素。而事实上，有高水平创业行为的企业不仅可以有能力在早期阶段识别市场机会，而且还可以通过采取行动来创造新的市场机会。而为了利用好机会，企业必须要经常性的去重新配置它们现有的组织资源和运营惯例，并围绕新的机会去建立新的运作模式、商业化模式、补充性的资源和方法（谢竹云、茅宁、赵成国，2009）。因此，在整个创业过程中，企业在认知、机会、资源等方面的能力至关重要，本章用创业能力对其进行概括。

创业决策（entrepreneurial decision）是创业主体面对商业机会时所做出的取舍或抉择，它具有风险性、过程性、不可逆转性和内隐性等属性。苗青（2009）认为，抽象地概括创业决策的关键任务有利于概括动态复杂的创业活动的行为重点和难点，进而归纳出导致创业行为发生的关键因素。其构建的创业决策关键任务图进一步明确了企业对于感知创业机会，评价创业机会，整合资源以谋求企业创新发展这三个创业决策的关键任务的全局性作用。由此体现了创业能力在创业决策中的重要作用。豪姆斯贝等人（Homsby et al.，1993）的公司创业过程交互模型中，引入了克服困难的能力这一因素来分析创业决策（见图3-2），并明确区分了与企业创业能力相关的组织特点和个体特点。

3.1.2.3　集群企业创业行为度量

集群企业的创业行为涵盖了企业层面的过程、操作与决策方式，以及创业型企业的战略导向。集群企业创业行为与国外研究中涌现出的创业导向、公司创业概念相关。米勒（Miller，1983）将创业的研究焦点从个体创业转移

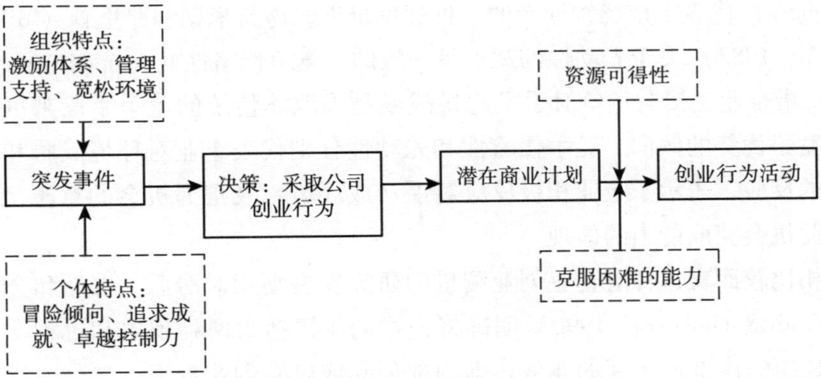

图3-2 公司创业过程交互模型

到公司层面的创业行为，所提出的测量创业导向量表包含创新性、前瞻性和冒险性三个维度。考芬和迈尔斯（Covin & Slevin，1991）的研究发展和改进了创业导向三个不同的维度，即创新性（innnovativeness）、先动性（proactiveness）和承担风险（risk-taking）。其中，创新性反映了公司倾向于试验、支持新观点和背离已有运作模式；先动性是指能预测动态环境中未来的需求和变化，并在方法和技术上保持领先；风险承担倾向意味着对高度不确定结果的项目进行投资。在企业集群环境中，创新性强的集群企业能够开发或引进新产品和新技术来提高企业绩效。先动性强的集群企业从产品市场上获得机会，比竞争者提前行动占领细分市场，建立品牌认知度，以获得先发优势。勇于承担风险的集群企业能实施试错战略来积极利用机会，大胆实施高回报高风险项目，以提高企业绩效（姚先国、温伟祥、任洲麒，2008）。而朗普金和戴斯（Lumpkin & Dess，2001）的创业导向具有五个维度的关于公司创业过程和特征的构念。其中，创新性（innovativeness）指公司支持创造性活动和试验的意愿、努力和行动，例如公司领导新产品或服务、重大革新、技术领先和开发新工艺的研发活动，等等。冒险性（risktaking）是指公司即使在不知道创业机会是否能成功的情况下抓住创业机会并且未料后果的大胆地行动的意愿程度。自治性（antonomy）是个人或团队提出构想或愿景以及将他们付诸实施的独立行动。它意味着追寻机会的主动性和意愿；在组织管理的意义上，它指组织成员或部门摆脱组织限制的决策和行动。先动性（proactiveness）代表了市场领导者的一种远见卓识，这与米勒和弗里森（Miller & Friesen，1982）关于先动性的观点是一致的。竞争侵略性（competitive assiveness）指企业直接向竞争对手发起挑战或是采取非传统的竞争手段来巩固自己的竞争优势的倾向。竞争侵略性和先动性分别代表企业对环境威胁和环境机会的反应，表示了企业积极反应对手（或环境）及把握机会的意愿，是公司创业机会获取能力的体现。

相比较而言，针对企业创业测量的研究发展则相对滞后。古思和金斯伯格（Guth & Ginsberg，1990）明确将公司创业概括为两种现象和过程，一是在已建组织内部产生新的业务，即内部创新或风险创业投资；二是通过更新关键的思想和理念完成组织变革，即战略更新。扎赫拉和乔治（Zahra & George，2002）认为，创业导向仅仅测量了公司创业的意向而不是公司创业行为本身，并提出公司创业是公司所有创新、更新和风险投资活动的总和。沙玛和克里斯曼（Sharma & Chrisman，1999）对公司创业领域的概念体系进行了较为全面的回顾，将公司创业界定为一个由创新、战略更新和公司风险投资三维度构成的构念。

在我国，创业导向作为一个关键构念，得到了较为充分的研究，但针对企业创业这一构念的理论和实证研究仍较为鲜见。尤和劳（Yiu & Lau，2008）以我国北京、上海、四川、广州等地的各类型企业为样本，研究了新兴市场内资源资本对企业创业活动的影响，并根据实际需要，将企业创业分解为产品创新、组织创新、国内新创企业、国外新创企业四种现象，并形成了一个四个维度的企业创业构念。戴维奇（2010）结合我国转型期集群企业的特征，对集群企业创业的前因与后果展开了研究，并以浙江永康五金产业集群为研究背景，开发了适合集群企业的“公司创业”量表，为集群环境下企业创业的研究奠定了基础。其结果表明集群企业的创业行为主要包括管理创新、产品创新、国内风险投资和国外风险投资四个维度。

3.1.3 集群企业创业能力

当前对创业行为过程的研究注重外在价值功能等方面研究，如从创业行为的动机、目的和创业行为形成的主观心理因素等，而忽略了其形成的客观能力因素，没有从能力层面的具体内容研究行为。本节从能力理论出发，运用企业动态能力分析了集群企业创业能力与创业行为的关联，并明确了创业能力的具体维度。

3.1.3.1 集群企业创业能力

能力理论（competency theory）（Boyatzis，1982）认为个体胜任工作角色或完成任务的绩效是人格特征、知识、技能和能力等因素综合作用的结果，而能力是其中的决定性因素，并且强调能力必然蕴含于具体行为并能够经由行为得到观测。此后，众多学者着手规范能力的内涵。其中，狭义的观点认为能力就是个体从事某项任务必需的能力（Burgoyne，1993），而广义的观点则认为能力是与个体完成某项任务相关的知识、态度和技能的总和，能经由规范的标准来度量并能通过培训和开发得到提升（Parry，1998）。无论狭义还是广义的观点，其共同点就是强调能力与具体的任务绩效相关，并能通过个体完成任务的行为来观察和度量。黄铁基（2004）对行为能力构成要素研究后进一步认为，行为是由能力决定的，如果人没有能力，也就没有行为，任何能力都必须通过行为才能表现出来，任何行为都是能力的表现形式。

企业决策是由企业家（管理层）做出的，因而，企业行为与企业家能力存在一定的关系。20 世纪 90 年代，创业研究人员逐步引入能力理论，试图识别在创业行为背景下的企业家能力需求，强调企业家是特殊能力而非人格特质集合体的观点，认为企业家能力是企业家胜任创业工作角色所必需的能力总和，与新创企业的诞生、生存或成长相关，并从能力视角挖掘企业家与创业活动的互动关系（杨俊，2005），取得了大量创新性研究成果。企业家能力是企业家在企业经营管理活动中表现出来的稳定的心理特征，是胜任领导企业这一任务的主观条件（程博，2010）。奈特（Knight，1997）认为，企业家能力指企业家要在极不确定的环境中做出决策并必须自己承担决策的全部后果，是不确定性的决策者。张玉利和王晓文（2011）在将经验和能力区分开的基础上，从创业学习的视角出发，深入挖掘创业者先前经验与创业能力之间的作用关系机制，探讨创业者经验向创业能力转化的内在机理，研究结果表明，不同类型的先前经验对不同类型的创业能力产生影响，当创业者的信息获取和转化方式与他的先前经验类型相匹配时，这一类型的经验才能更好地转化为创业能力。

在经济全球化进程中，许多大公司在经历规模发展的时间积累中逐渐失去原有的应变能力和创新能力，增长陷入停滞，甚至被小公司超越。因此，关于企业能力的研究日益兴起。阿密特、格罗斯坦和穆勒（Amit，Glosten & Muller，1993）认为企业能力指企业使用组织流程组合和部署资源的能力，从而实现期望的结果。可见，企业的能力体现在企业的决策和行动过程中。蒂斯等人（1997）进行了组织层面的能力研究，将企业的动态能力定义为企业整合、建立和重构（reconfigure）企业内外胜任力以达到适应快速变化的环境的能力，并于1997年建立了著名的动态能力理论框架。其观点认为，在变化的环境中要保持公司的可持续竞争优势，公司拥有在塑造新的能力、转变现有资产和重新配置公司的营运过程与结构等方面能力（即动态能力）是至关重要的。动态能力是一种组织过程或战略惯例，即企业通过获取、释放、整合或重组资源来适应或创造市场变化，或借助战略不断调整和配置资源（Eisenhardt & Martin，2000）；动态能力是一种创造能力的能力，即企业扩展、调整或创造常规能力的能力（Zello & Winter，2002）。动态能力可细分为三个方面，即感知和形成机会和威胁的能力，抓住机会的能力，通过增强、组合、保护和必要时重新配置企业有形与无形资产等举措保持竞争优势的能力（Teece，2007）。对于拥有高水平的重新配置能力（动态能力）的公司而言，通过新资源重新组合以及良好的组织过程和组织结构，公司就可以抓住市场机会，获取持续的较高的市场绩效（谢竹云、茅宁、赵成国，2009）。而事实上，公司在塑造新的能力、转变现有资产和重新配置公司的营运过程与结构等方面能力，即是公司创业能力的体现。

对于创业能力的具体维度，不同学者提出了不同的划分依据和内容。资源观认为创业能力主要体现在资源整合能力方面（Alvarez & Barney，2000）；机会观认为创业机会的探索能力是创业企业实现创业目标的最重要能力（Shane，Locke & Collins，2003；贾宝强，2007）；而承诺能力和机会能力是完成创业者角色的最直接的能力（Chandler et al.，1992）。曼（Man，2000）将创业能力分为六个维度，即机会能力、关系能力、概念性能力、组织能力、战略能力和承诺能力。贺小刚等（2005）在中国情境下的实证研究发现，关系能力的主要作用还在于机会的识别和开发。唐靖等（2008）在其基础上指出创业能力是包含机会识别与开发能力和运营管理能力的两阶六维度概念。张玉利和王晓文（2011）在前人研究的基础上，将创业能力中的机会能力、关系能力和承诺能力归为一个维度，称为机会相关能力；将组织能力、概念能力和战略能力归为一个维度，称为管理相关能力。

由此可见，集群企业的创业行为与企业的创业能力的关联性存在历史的根基。但现有的研究中仍然缺乏围绕创业活动探讨创业能力的概念框架，以及测度这些能力的构成及其与创业活动关系的定性或定量方法。因此，本章的研究旨在构建集群企业的创业能力的概念框架，探讨创业能力的维度，并验证其与创业活动的关系。创业过程是围绕机会识别、开发与利用的一系列过程（Shane & Venkatraman，2000）。在创业过程的各个阶段，需要与之匹配的创业能力是有所差异的。本章从创业过程角度出发，将与创业相关的能力定义为企业创业能力，主要包括创业认知能力、创业机会获取能力和创业资源整合能力（见表 3 – 3）。

表 3 – 3　企业创业能力的构成

企业创业能力	创业行为的焦点	代表作者
创业认知能力	成功地预测未来的能力	奈特（Knight，1997）
	比你的竞争对手更明智、更努力地工作的能力	西姆西可（simsek et al.，2008）
	首创精神、想象力、灵活性、创造性、乐于理性思考的能力	明尼蒂和比格拉弗（Minniti & Bygrave，2001）
	有高质量先前经验的创业者表现出更强的创业能力	张玉利等（2011）
创业机会获取能力	根据已经控制的资源去获取机会	斯蒂文森、罗伯茨和格罗斯贝克（Stevenson，Roberts & Grousbeck，1985）
	创业就是发现和利用有价值的机会	谢恩和万卡特拉曼（Shane，Venkataraman，2000）
	是洞察机会的能力而非已经控制的资源驱动了创业	斯蒂文森、罗伯茨和格罗斯贝克（1985）
	机会探索和开发能力是创业企业最重要的能力	谢恩、洛克和柯林思（Shane，Locke & Collins，2003）
	机会识别能力是最重要的创业能力之一	贾宝强（2007）

续表

企业创业能力	创业行为的焦点	代表作者
创业资源整合能力	创业能力本身是一种资源的重新整合	熊彼得（Schumpeter，1934），阿瓦莱兹和巴尼（Alvarez & Barney，2000）
	开展独立的新业务、建立新组织，创办和管理新业务	韦斯伯（Vesper，1990），卡茨和加特纳（Katz & Gartner，1988）
	在辨识何时投入后的资源组合创造行为	康纳和普拉哈拉德（Conner & Prahalad，1996）

资料来源：作者根据上述代表学者观点整理。

3.1.3.2 创业认知能力

针对创业的早期研究认为，创业者在特质上与非创业者具有显著的差别，因此注重对“是什么驱动创业者去创业”进行解释。随着研究的深入，学者们转向对行为的解释，因为行为是最为有效的解释变量，因此“认知—行为”理论被用以解释创业（Busenitz，West & Shepherd，2003）。“先天特质论”在此意义上让位于“后天认知论”。在后天认知论中，认知思考过程被视为影响创业的首要因素（Katz & Gartner，1988），其核心机理是创业决策时主体对环境的知觉和解释。创业者之所以创业是因为他们在对创业环境的机会和风险（Knight，1997）感知和分析之后，在认知风格上，高估自己成功的可能性（Schumpeter，1934），对于不确定性具有较强的偏好。真正的创业产生于外在信号和认知的交互过程中（Kirzner，1997；Shane，2003），充分运用创业认知对创业机会进行估计、判断和决策，最终形成创业意向和创业行为。

如前所述，创业导向是指企业的一种导向，即企业从事创新、风险承担和超前行动的倾向性（Simsek et al.，2008）。这种倾向性与企业的创业认知能力高度相关。在创业导向的三个维度中，反映企业对创新活动或试验支持程度的创新性，反映企业试错程度和对未知领域的投资程度的风险承担性，反映企业在引进新的产品（或服务）、管理方法、工作流程等方面的行动力，其实质都反映了公司的创业认知能力。此外，企业管理者及员工的首创精神、想象力、灵活性、乐于理性思考的能力，比竞争对手更明智更努力地工作的能力都是企业创业行为产生的能力基础。企业管理者及员工成功地预测未来的能力，洞察机会的能力也是企业所具有的一种独特的创业认知能力。创业情绪体验影响企业家的认知过程，即顶峰体验、高峰绩效和沉浸会对企业家的认知过程产生重要影响（Baron，2004）。高强度体验出现的频度可能是企业家自身选择的结果（Shane，2003）。因此，如果企业过去的创业路径是正面体验或者对企业有积极作用时，这种体验就可以成为创业认知的源泉。因此，集群企业的创业认知能力包括企业的创业动机、资源禀赋（企业发展背景与经验，企业所拥有的有关创业的知识）、风险判断力与承受力，对选择的期望值。

3.1.3.3 创业机会获取能力

我国学者对创业机会的研究涵盖了机会的定义、机会的分类、机会的识别与开发、机会与其他创业要素的关系、机会的评价等方面（王晶晶、乔改霞，2012）。通过文献收集与整理发现，自 2000 年以来，我国学者针对创业机会的研究主要经历了初始引入期、稳步发展期和较快增长期，并主要围绕机会识别与开发、创业机会与创业要素的关系研究、创业机会观、创业机会评价、企业家视角等方面开展了定性和定量研究。利用有价值的机会（Shane & Venkatraman，2000）和创造机会（Timmons & Bygrave，1986）是创业过程的核心部分。此外，感知机会实质上是搜集、处理信息的过程，发现创业机会是信息在经济系统中不均衡分布的结果（Shane，2003），旨在识别能为市场创造或增加新价值的产品或服务（Timmons，1978），识别和选择正确的机会是成功开展新业务的主要能力之一。关于创业机会的来源在学术界存在两种观点，即创业机会的发现理论与创造理论。它们都假设创业的目的就是生产新产品或提供新服务，但对创业机会来源做出了不同的界定。发现理论强调是外生冲击创造了创业机会，也就是创业机会是由现有市场派生而来的，是客观存在的（Sarasvathy，2001），始终独立于创业者的搜寻，企业在机会的产生过程中只扮演一种被动响应的角色（Kirzner，1973）。创造理论认为机会是创业主体搜寻机会的行为过程的内生现象，创业机会的“种子”并不必然植根于已有市场，而是由主动创造得来的（Shane & Venkatraman，2000）。因此，集群企业的创业机会获取能力是企业根据已经控制的资源去获取并利用机会的能力。

企业的创业机会获取能力意味着企业在获取机会过程中，一方面能通过有意识的周密调查或非正规的信息接纳来发现承载创业机会的信息，另一方面能在没有开展调查的情况下通过迅速处理信息以识别潜在创业机会，即能够迅速分析、判断、理解所收集信息的准确含义，表现为企业创业认知能力的突出作用过程，使其看到看似无关的事物间的相互联系，甚至是创造它们之间的联系。企业以往对市场、产业或技术知识的积累有助于提升企业正确判断信息价值的能力，使其能够识别被他人所忽略的关系与联系，因此决定着企业的机会感知力，即在缺乏调查的前提下处理信息以识别潜在创业机会的能力。蒂蒙斯和比格拉夫（Timmons & Bygrave，1986）认为创业过程的核心部分是机会的创造及识别，是创业者机敏发现的结果。由此可见，获取创业机会是创业过程的核心，也是创业行为的开端。

3.1.3.4 创业资源整合能力

资源整合能力是指企业对不同来源、不同层次、不同结构、不同内容的资源进行选择、汲取、配置、激活和有机融合，使之更具有较强的柔性、条理性、系统性和价值性，并对原有的资源体系进行重构，摒弃无价值的资源，以形成新的资源体系的核心竞争力（王建中，2011）。资源整合能力包括两种：一是企业根据自身资源禀赋，在分析与确认所需资源的基础上，创业者最终确定所需资源的资源构建能力；二是指对已匹配好的资源进行激活，运用到创业实践中去，使资源发挥放大效应的资源利用能力。

在上述基础上，创业资源整合能力是创业主体综合配置和协调各种资源以利用机会和开展活动的能力，是创业行为的重要特征。创业资源是指企业在创业的全过程中先后投入和利用的企业内外的各种有形的和无形的资源总和（Alvarez & Barney，2000）。基于集群视角的创业资源是指在创业过程中从集群中获取的能为企业创造价值的特定的资源（孙玉青、赵艳萍，2011）。比较分析，人力资源、财务资源、物质资源、技术资源和组织资源五种类型的创业资源得到了统一的认同，而第六种类型的创业资源，不同学者存在差异性的观点（见表 3－4）。比如布鲁什、格瑞奈和哈特（Brush、Greene &

Hart, 2001）则把社会资源单独作为一类；蔡莉和柳青（2007）则把市场资源作为一类。此外，孙玉青、赵艳萍（2011）赞同人力资源、财务资源、物质资源、技术资源、社会资源的分类，并增加了信息资源。

表3-4 创业资源的分类

类目	布鲁什、格瑞奈和哈特（Greene、Brush & Hart）	蔡莉和柳青	孙玉青、赵艳萍
人力资源	√	√	√
财务资源	√	√	√
物质资源	√	√	√
技术资源	√	√	√
组织资源	√	√	
声誉资源			
社会资源	√		√
市场资源		√	
信息资源			√

资料来源：作者根据上述代表学者观点整理。

实际上，在获取创业机会后，企业的创业活动重心迅速转向整合资源、开展活动、占领市场并最大限度地实现创业机会的价值。资源整合是指采用原有的或全新的创造性的方式，通过对企业原有的资源及新获取的资源进行数量上和种类上的合理配置，使资源发挥出其最大的效能，为企业带来较高的绩效（任萍，2011）。资源整合可分为稳定调整、丰富细化与开拓创造三种方式（Ireland, Hitt & Sirmon, 2003），其中，丰富细化和开拓创造的资源整合方式对创业绩效具有积极的作用，而稳定调整的资源整合方式则适合于那些发展良好和相对成熟的企业。

本章认为，创业资源可分为初始创业资源和整合后的创业资源，初始资源主要包括知识资源、人力资源、财务资源和实物资源，不同的企业对这些资源的需求不同，获取的方式和手段也不同；而整合资源是在原始资源的基础上形成的，是对原始资源进行组合、转移、协调和控制后形成的一种新的资源。对于集群企业的创业行为来说，其创业认知能力、机会获取能力都必然与企业原有的资源有关，因此，上述初始资源强调的是集群企业的原始资源；而创业资源的整合能力则强调了集群企业在整合资源方面的能力。例如，集群企业利用其在集群环境中所拥有的融资便捷性来获取创业资金，一方面跨越了难以获得借贷资本与风险资本的障碍（徐明，2004），另一方面且更为重要的是，简化了融资手续，缩短了融资时间，降低了融资交易费用，保证集群企业在最短的时间内整合必要的资源以迅速开展创业活动。

此外，集群企业特有的资源为集群企业进行创业资源整合提供了新的能量。比如，嵌入于集群中的企业能够获取集群外部企业难以获取的资源，如集群内部的隐性知识、密集的集群网络渠道，集群企业之间的高度信任、集群品牌等（姚先国、温伟祥、任洲麒，2008）。虽然上述某些资源要素的形成需要经过长期的演化，但对于集群企业而言，这些资源具有公共物品的性质（耿帅，2005），集群企业能低成本、高效率地获取这些资源。这意味着集群企业相比于外部企业，在整合此类集群共享性资源上具有更强的能力。

3.2 集群企业的创业能力与创业行为的关系

3.2.1 创业认知能力与创业行为

创业的“认知—行为”过程模型（Busenitz，West & Shepherd，2003）把思考和认知过程放在了创业的首要因素，认为人不是天生就希望创业的，而是后天通过认知才希望创业的，认知和思考是个体行为的直接前因（Katz & Gartner，1988）。认知过程以及对外界环境的感知才是决定创业倾向和创业意向的关键因素，真正的创业产生于外在信号和认知的交互过程中（Kirzner，1997；Shane，2003），充分运用创业认知对创业机会进行估计、判断和决策，最终形成创业意向和创业行为。

上述“认知—行为”模型主要针对的是创业者创业过程，而事实上，集群企业创业认知能力与创业行为存在类似的交互过程。企业的创业认知能力对企业创业的倾向性具有高度影响。创业认知能力包括企业的创业动机、资源禀赋（企业发展背景与经验，企业所拥有的有关创业的知识）、风险判断力与承受力，对选择的期望值。某种突出的创业认知能力将使得创业行为的产生源产生差异。比如那些始终秉承创新精神的企业，更善于开发和创造机会，因此更易产生创业行为；那些具备先动性的企业，善于领先于对手，更快速地获得稍纵即逝的机会，开展创业活动；而那些更勇于承担风险和更具冒险精神的企业，则善于以大胆的"试错"方式在市场中寻找创业种子。因此，企业的认知结构和认知特征是创业决策的关键前因（Baron，2004）。

企业的创业认知能力不是一成不变的，它可以通过组织学习得以提升（Shane，2003）。企业创业行为所要求的对外部机会的识别与利用，必然会推动组织的学习过程，通过学习可以获取新鲜的知识，更新现有的知识库，从而提升认知能力。如果企业在过去的发展路径中有正面体验时，这种体验就可以增强企业的创业认知能力；负面体验同样可以促进企业进一步提升创业认知的知识。企业组织在学习过程中建立起新的能力与知识，有利于企业更好的保持在动态环境中对机会的识别和把握，从而提升创业认知能力。

因此，本章预期：

H1a：企业的创业认知能力对企业创业行为存在正向影响

3.2.2 创业机会获取能力与创业行为

在产业集群的萌芽与形成期，产业分工合作带来了异质性的创业机会。集群企业沿着微笑曲线从中低档产品的批量生产向开发设计、品牌经营、产品营销等高附加值领域发展，即是一种创业机会的获取；从不断扩大的人才、知识需求中开拓衍生的创业机会也是对创业机会的获取；充分利用新知识、新技术创造创业机会也是对创业机会的获取。在集群成熟期阶段，集群企业需要有开放的视角，不断吸收国内外的先进知识和技术，整合不同的资源进行二次创业（陈铁军，2012）。

机会的发现理论强调了创业机会由外生力量冲击现有市场而创造和派生而来，是独立且客观存在的。从这一层面理解，企业对创业机会的获取只需要扮演一种被动响应的角色。机会的创造理论认为创业机会并不一定根植于已有市场，而是创业主体在搜寻机会的行为过程中主动创造和内生出的现象。事实上，对于上述第一种理论，企业是否能充分利用所获得的机会与企业对机会的利用能力有关。实际上，观察已有的企业创业现象发现，某种突出的创业认知能力将使得创业机会获取能力产生差异，从而使得机会获取的方式产生差异。比如具备创新性的创业认知能力的企业善于开发机会；具备先动性的创业认知能力的企业善于领先一步把握机会；具备风险承担性的创业认知能力的企业善于大胆“试错”以创造机会。此外，企业员工社会关系网络也是企业获取创业机会的主要渠道。除了深厚的市场与技术知识以外，社会交往中发现的问题是创业机会的主要来源（Christensen & Peterson，1990）。在机会获取过程中，社会关系网络的作用并非仅局限于向企业提供创业机会有关的具体信息，更为重要的是，它能通过提供相关参考信息来帮助企业评价甚至是发现、创造创业机会。企业的社会关系网络越发达，能获得的创业机会信息与决策支持信息就越多，质量也越高，更容易开展创业活动。创业遵循由感知、利用机会到组建创业团队，获取创业必需资源、创建新组织和开展新业务活动的现实进程（Shane，2003），包含识别有潜力的机会和调动资源以利用机会这两项基本任务。创业流程由创业机会启动，在取得必要的资源与组成创业团队之后，创业计划方得顺利推进（Timmons，1978），即实现创业行为。

因此，本章预期：

H1b：企业的机会获取能力对企业创业行为存在正向影响

3.2.3 创业资源整合能力与创业行为

企业创业的本质被认为是企业内部资源与外部资源“新的组合”过程（姚先国等，2008），因此，获取外部资源成为企业创业活动的精髓所在。创业资源整合能力是创业主体综合配置和协调各种资源以利用机会和开展活动的能力，是创业行为的重要特征。郑健壮（2005）将集群对于资源的“整合”机理归纳为资源集聚、分工合作、知识和技术的共享三类机理。上述资源整合机理的思想既适合于集群也适合于企业，但在资源整合机理发挥作用的空间和发挥效果所需时间上存在差异。企业机理的作用空间比较小，作用的手段更行政化，且发挥效果所需时间比较短。

要想将创业资源转化为创业绩效，就必须采用动态能力将自身资源转化为企业竞争优势。姚先国等人（2008）通过对浙江省集群企业的实证研究发现，大型企业由于内部通常富有资源，常常依赖于内部资源进行资源配置和整合；而随着专业化分工深化与技术复杂性提高，通过企业外部网络获取互补性资源并加以整合才能成功实现企业创业活动。那些通常被认为是资源禀赋低下的中小企业，却能表现出活跃的创业精神、较高的创业能力和竞争优势。中小企业被认为正是由于其资源禀赋水平存在弱势而带有“先天性”的对外寻求资源的强烈意愿，并在经验中逐渐积累对各种资源的整合能力。由于企业创业活动相对于一般管理活动存在高度的不确定性（Miller，1983），企业对创业资源整合的程度反映了企业在创业活动中能否形成最优信任关系以应对技术的迅速变化和产品生命周期的缩短。另一方面，泽楼和温特（Zello & Winter，2002）从操作层面对资源整合进行了解释，他们认为可以将诸如经验积累、知识的明晰和编制等学习过程包装为一种相应的“学习机制”，这种学习机制可以使公司对现有的运作资源和营运惯例进行再配置。这意味着通过学习过程，企业的创业资源整合能力将得以提升。

因此，本章预期：

H1c：企业的资源整合能力对企业创业行为存在正向影响

3.3 集群企业网络与集群企业创业能力的关系

3.3.1 网络特征分析

产业集群中的社会网络关系是以区域为范围的，企业和本地机构的地理邻近性提高了创新的扩散效率，加强了企业与其他主体的多种合作关系。除了方便和加速企业间的交易外，地理上的接近性还创造了社会凝聚力和集体意识（Pyke & Sengenberger，1992）。另外，集群内企业往往具有分享信息、观念等合作的意愿，通过正式和非正式的社会网络，群内企业能够获得大量的合作机会。在这一机制下，集群中企业是相互依赖的，而不是独立的，集群企业群体就具有了网络性的结构，集群内的企业不应该被视为是孤立的个体（吴结兵，2006）。

企业创业的本质是机会的发现与利用过程，高密度的集群网络渠道有助于识别和利用机会。在产业集群内部，几乎每个企业均处于网络节点位置，通过集群网络渠道，集群企业比非集群企业能更加快速地感知消费者和供应商需求的变化，进行产品创新、工艺创新，或组建一个新企业（Porter，2000）。创业者能从集群内已经建立起来的各种关系网络中获益，使得在集群内的创业者经营风险更低。创业领域的学者使用网络理论研究了创业的核心问题并得出以下结论：创业之所以成为一个机会的识别和利用的过程，主要原因是网络和社会结构与创业现象存在着密切的关系（Busenitz，West & Shepherd，2003）；创业者创建企业或开展新业务所需要整合的各种要素可通过网络而获得（Stuart & Sorenson，2005），网络对创业过程非常关键（Aldrich & Zimmer，1986）；创业过程存在有所差别的信息通道，进而影响创业行为（Gulati，Nohria & Zaheer，2000）。以中小企业的集群为载体的网络状组织是一种富有活力的创业组织形态，由于集群具有资源优势和成本优势（李功网，2011），“用手头的资源直接行动”解释了很多可观察到的小企业的行为，它们利用其他公司拒绝或是忽略的物质、社会、制度投入，创造出新的价值。由此可见，企业创业主体需要在地理上与相关知识源邻近，从而能够与之进行频繁互动，获得所需的隐性知识（Floyd & Wooldridge，1999）。因此，集群企业的关系嵌入，增加了隐性知识的可获得性，有助于集群企业发现和利用机会。

基于关系和结构两个维度的网络特征分析方法对企业行为具有较强的解释能力，目前在国外研究中已经被普遍采用（邬爱其，2007）。进一步来看，根据网络嵌入性理论，由于行动者的经济行为同时受到二元关系的好坏以及所在整体网络中位置的影响，不少学者建议要考虑结构嵌入与关系嵌入的交互作用及其对行动者行为和绩效的影响（Baum & Dutton，1996；Gulati，1998；Hagedoom，2006；Rowley，Behrens，& Krackhardt，2000）。美国学者西姆西可、鲁百特金和弗洛伊德（Simsek，Lubatkin & Floyd，2003）提出了网络嵌入性影响企业创业的理论模型，认为结构嵌入性通过影响关系嵌入性和认知嵌入性两个维度，最终影响网络企业的企业创业战略选择。集群企业网络对创业行为的作用主要体现在企业内部以及从供应商、销售商及顾客那里所能获取的资源。例如，创业的集群企业通过与供应商、销售商及消费者间的协作关系获取物质、技术、信息等资源；同行业生产企业可以为集群企业的创业行为提供技术，并能促进技术的标准化；集群企业在创业过程中通过市场调查可以发现消费者的需求缺口，获得更多商机。可见，从集群企业网络特征到其创业行为的发生之间，还有一些中间变量在起作用，这些中间变量就是本章所研究的创业能力。

3.3.2 网络关系特征与创业能力

根据复杂网络的邻居效应，个体决策过程容易受到与之联系的邻居个体选择的影响（Manski，2000），这是因为邻居的选择会形成、影响甚至改变个体观念和态度，促使其选择采用或者拒绝（Rogers，2002）。可见，集群企业网络中企业之间的相互作用，会对集群企业的创业行为产生影响。集群企业的关系嵌入特征由网络关系强度和网络关系内容两方面体现。根据本章3.1.3 中的行为能力理论，集群企业的创业行为由其创业能力所决定，是创业能力的表现形式。因此，本小节以复杂网络的邻居效应为理论基础，分析集群企业的网络关系强度、网络关系内容特征对集群企业创业能力的影响，并提出相应的假设。

3.3.2.1 关系强度与创业能力

网络关系强度（intensity）或关系频率（frequency）是表现本地网络关系特征的重要指标。“强度”用来比较组织间互动中联结的力量，根据组织间网络的相关文献，网络关系强度包含两方面内涵，一方面强调组织间接触的频率，另一方面也强调组织间关系中所交换的资源数量（Granovetter，1973；Rogers，1995）。按照集群企业间关系强度大小，可以分为强关系和弱关系两种形式。

强关系能够促进信任与合作，进而易于企业获取更多精炼的、高质量的信息和缄默知识，企业之间拥有强关系将帮助企业获取更多的资源（Rowley，

Behrens & Krackhardt，2000）。强关系特征可减少隐性知识传递过程中的交易成本，减少机会主义行为，因而有效地传递并扩散隐含经验类知识（Saxenian，1991），此外，一些复杂的信息仅通过强关系来传递（Larson，1992；Hansen，1995）。乌兹（Uzzi，1996）指出紧密联系和保持距离的关系可作为信息转移的渠道，重叠网络能够促进信息共享，能推动企业更好地吸收创新的成果。强关系表现出的“时间的经济性”能迅速将市场机会转化为现实机会（Uzzi，1997）。在创业资源整合中，创业团队成员的构成很大程度上基于成员间的信任与合作关系（权慧，2007）；创业资金的筹集很大程度上依赖于基于关系网络的社会资本（张玉利，2003），而这种筹集方式极大程度上依赖于利益主体间的信任。在信任的基础上，企业就能容易地得到对方精神和物质上的支持（罗家德，2002）。强关系有助于创业主体持续进行企业创建活动（Davidsson & Honig，2003）。通过网络成员的身份、重复的和持续的交换关系，网络成员获得知识的潜在条件被创造出来（Spender，1996），即企业通过网络关系特别是强关系，可能获得存在于网络或其他企业内部的创业知识。

但当网络中所有企业都通过强关系连接时，过分嵌入会导致流向网络的新信息减少。因为在同一网络内的多余关系意味着与网络外面拥有创新思想的成员没有或很少联系。因此，“弱关系优势理论”的观点是弱关系导致了关系双方形成松散和非情感性的接触，这种接触方式增加了关系中的一方建立网络的多样性，提供了接触不同类型的新信息、个人和资源的机会（Granovetter，1983），在一定程度上提供了接触新的不同信息中介的机会（McEvily & Zaheer，1999）。辛格（Singh，1998）通过实证研究发现，在IT创业企业中，拥有更多弱关系的创业者在12个月中比拥有较少弱关系的创业者获得更多的市场机会。

集群企业创业能力的获得固然与企业的初始禀赋相关，但也受集群知识基础的影响并进一步通过后天“习得”。比如存在强关系的企业间具有显著的技术扩散现象，特别是集群主导企业的组织和运作资源等创业能力对与其关联的企业存在较强的影响，并在一定程度上提升了关联企业的创业能力。事实上，作为集群企业核心能力的载体，企业的人力资源在企业联系中充当了某种意义上的能力提升的“窗口”。集群企业的创业过程被认为是企业对创业知识的获取、整合和利用过程，涉及大量隐性知识的输入，需要在地理上与相关知识源邻近，从而能够形成企业之间的频繁互动，获得所需的隐性知识（Floyd & Wooldridge，1999）。因此，嵌入于集群企业网络中，增加了隐性知识的可获得性，有助于集群企业发现和利用机会（姚先国、温伟祥、任洲麒，2008），从而在集群企业创业机会获取能力上有所提升。

因此，本章预期：

H2a：集群企业的关系强度对其创业认知能力存在正向影响

H2b：集群企业的关系强度对其创业机会获取能力存在负向影响

H2c：集群企业的关系强度对其创业资源整合能力存在正向影响

3.3.2.2 关系内容与创业能力

网络关系内容（content），主要是指网络中各行为者之间联系的特定性质或类型（Barnes，1983）。即使在相同的网络中，行动者之间的关系也会具有不同的内容。任何可能将行动者联系起来的东西都能使行动者之间产生关系，因此内容的表现形式也是多种多样的（朱国宏，1999），交换关系、亲属关系、信息交流关系、感情关系、工具关系、权力关系、竞争关系、合作关系等都可以成为具体的内容（张存刚等，2004）。此外，企业之间关系类型有垂直网络关系和水平网络关系，垂直网络关系主要体现为企业间在资源上的供需关系，如机器设备、原材料、人力资源、技术、信息、中间产品等的供需；水平网络关系包括相互之间的非交易关系，如在产出上的互补关系和竞争关系、市场开发上的互动关系、要素投入上的资源或基础设施共享关系等（蔡宁、吴结兵，2006）。

伯利（Birley，1985）认为创业主体的网络联系包括咨询关系、财务关系以及客户关系等。创业主体与风险资本家和专业的服务机构保持联系是获取人才和市场信息的手段（Freeman，1999）。创业主体的网络与其战略决策存在一致性（Ostgaard & Birley，1996），与分销商、供应商、竞争者或顾客组织保持联系被认为是获得信息和综合技术的重要通道。在中国，创业主体与政府的政治网络增强了其生存能力。此外，企业的竞争合作关系网络能为企业创业提供关键资源，企业需要对网络关系加以识别（Larson，1992）。嵌入于专业化生产网络后，集群企业与辅助机构（科研机构、中介机构、服务机构）间形成了长期相互依赖的关系，如技术上、销售上、采购上的相互依赖（Powell，Koput & Smith，1996）。企业从社会网络关系中，可以认识结交许多相关人员，通过交往发现共同的意愿，并因此形成创业团队。在企业的新业务启动阶段，企业逐步发展基于新业务合作（如与供应商、顾客、资本提供者的关联）的关系（Butler & Hansen，1991），新关系与以前的网络关系具有密切的联系，具有“路径依赖性”。

由此开见，不同内容的集群企业的网络关系对集群企业创业能力均存在积极的影响。为此，本章探讨网络关系内容的多寡对集群企业创业能力的影响。

根据上述，本章预期：

H3a：集群企业的关系内容对其创业认知能力存在正向影响

H3b：集群企业的关系内容对其创业机会获取能力存在正向影响

H3c：集群企业的关系内容对其创业资源整合能力存在正向影响

3.3.3 网络结构特征与创业能力

复杂网络理论强调行动者在网络结构中的位置决定了其可获得的机会以及受到的约束（Stuart & Sorenson，2005）。因此集群企业网络结构特征将影响结构中主体的创业能力。集群企业的结构嵌入特征主要由网络规模、网络密度和中介中心性体现。本部分以复杂网络理论中的结构决定论为理论基础，分析集群企业网络中企业的网络规模、网络密度、中介中心性对企业创业能力的影响，并提出相应的假设。

3.3.3.1 网络规模与创业能力

网络规模是中心活动者与其他活动者直接连接的数量（Aldrich & Reece，1993；Hansen，1995）。集群企业的网络规模指集群内某一企业与其他企业存在直接联结的数量（Bruderl & Preisendorfer，1998；Freeman，1999）。集群企业在集群内的网络规模越大，则其与越多的集群内主体存在网络联结关系。节点的度表示了企业相邻联结的数目，因此，节点度的大小实际上描述了企业所拥有网络联系的规模大小，反映了该节点在网络中的重要程度（或地位）。不论关系强度如何，节点在网络中的位置都决定了其联结所能获取的资源数量和质量。度大的节点，说明其联系的节点更多，拥有的网络规模大，也就有更多的机会接触更多的信息。社会学中节点度数的概念还与“权利”（power）相联系，节点度数越高，拥有的权利也就越大。弗里曼（Freeman，1979）认为，联结度的大小代表节点可选择方案数目的多少，可选择的数目增加，权力亦随之增加。由于无法得知交换资源质量的高低，因此必须假定选择方案愈多（联结度较高）会愈好。诺克（Knoke，1982）认为权利由影响（influence）和支配（domination）两方面构成，影响是决策者行使权利产生的社会能力，存在于社会交往网络中，只要某人收到他人的信息并因此改变了自己的行动，影响就发生了。支配是在网络关系中一个行动者通过提供恩惠或者惩罚来控制另一个行动者。网络中，如果一个行动者让其他人产生依赖，他便拥有了权力。

在集群企业网络中，集群企业的网络规模表明其与集群内主体存在联系渠道，分析网络规模可以衡量创业者或企业能从网络获得资源的程度（Baum & Dutton，1996），较大的网络规模能使企业得到更多的资金支持与人力资源，获得更多潜在的客户与供应商（Inkpen & Beamish，1997）。网络规模大的企业（拥有较高的节点度），意味着该企业与其他较多的企业保持着联系，即该企业能够有更多的机会从网络中的其他节点获取信息、知识、技术等资源，方便学习新的技术，以具备能力更好地开展创新创业活动。此外，该企业必然处于繁多的联系与交流之中，此时其拥有了新的技术便会迅速扩散到其他连接的节点，因此，增加了以知识流动和技术学习为载体的创业能力提升的速度和质量。具有较大网络规模意味集群企业具有较强的行业影响力，具有更多的行业经验和行业知识，因此，网络规模增大有助于提高集群企业的机会获取与评估能力（Hoang & Antoncic，2003）。

因此，本章预期：

H4a：集群企业的网络规模对其创业认知能力存在正向影响

H4b：集群企业的网络规模对其创业机会获取能力存在正向影响

H4c：集群企业的网络规模对其创业资源整合能力存在正向影响

3.3.3.2 网络密度与创业能力

网络密度是指网络内实际存在的联系数量占所有可能联系数量之和的比

例，可用一个网络中节点间实际存在的连线占整个网络最大可能有的连线的比例来衡量（斯科特，2007）。网络密度反映了网络中联结的疏密情况，以及通过联结的疏密所反映出来的社会网络中社会资本的大小。企业的网络密度反映了企业在所有可能建立的联系中实际建立的联系，表明企业对潜在资源的掌控能力。集群企业越是具有较高的网络密度，说明其越是充分利用了集群内部企业的资源，潜在可拓展的企业资源越稀缺。与网络规模相区别，网络规模大的企业并不一定网络密度大，而网络密度大的企业并不一定网络规模大。只有当集群内所有企业的可能建立的联系企业数量相等时，集群企业的网络规模和网络密度在意义上才具有一定的对等性。

企业创业的本质是机会的发现与利用过程，集群企业若具有高网络密度将有助于其识别和利用机会（姚先国、温伟祥、任洲麒，2008）。嵌入集群企业网络的企业能够潜移默化地获得行业中的知识、技术诀窍、市场信息，高密度的网络更易于产生这种共享性隐性知识（Floyd & Wooldridge，1999）。利用复杂网络对采用者区域密度的实证研究表明，在与行为采用决策相关的认知上表现出明显的网络密集性效果（Baptista，2000），即网络密度高将有利提升集群企业的创业认知水平。高密度的网络极大地扩大可整合知识、信息资源的关联，保证了企业对某些资源有着较强的控制能力（周小虎、陈传明，2004），提高了企业进行创业资源整合的可能性（Butler & Hansen，1991），促进了企业寻求资源的整合以实现企业创业（陈春丽，2008）。对此，复杂网络理论中有关网络传播的研究也提供了相应的证据。周涛等（2004）在借鉴 SIS 传染病模型的基础上指出，网络中密集的关联边代表了更为广泛的资源配置范围和更为快速的资源配置效率。较高的网络密度使集群网络中的企业接触到的信息更具有异质性，对创新有显著正面影响（王霄宁和王轶，2005）。集群企业的网络密度高表明企业善于在集群范围内特定数量的企业中建立企业间的关系，所产生大量的企业间联系使网络内信息和资源更快速地流动，也更容易发展出相互信任关系、共享的准则以及共同的行为模式。因而，如果集群企业在集群企业网络中的密度越高，则越能得到集群内其他主体的信任和支持，获取各种资源与信息。

但另一方面，高密度的网络可能抑制有效的经济活动，即产生“过度的嵌入性”（Uzzi，1997）。米克艾薇丽和查希尔（McEvily & Zalleer，1999）在调查了中小型汽车配件制造企业后发现，低密度的网络通常能获取和利用更多提升企业竞争力的机会。在密集网络中，网络中企业间集中交易减少了企业能获得有用信息和面向新机会的路径（Burt，1992），减少了企业网络获取新生机会的可能性，因此网络具有一定的封闭性。对集群企业来说，密集性结构具有资源配置优势，而稀疏网络结构有利于集群创新资源的获取和创新能力的提高（蔡宁和吴结兵，2006）。若某集群企业具有过高的网络密度往往会使该企业的个体行为受到来自密集的关联企业的一定的约束力，从而使得其信息、知识获取边界受限，并使得机会来源同质化而导致创业行为所需的异质信息匮乏，降低了企业获取独特知识的能力，影响企业创业机会获取能力。这时候往往造成竞相模仿而不是追求创新。罗利、贝伦斯和克莱克哈德（Rowley，Behrens & Krackhardt，2000）则直接指出适中的网络密度对创新扩散是有利的。综上所述，过低的网络密度和过高的网络密度都不利于集群企业创业能力提升。

因此，本章预期：

H5a：集群企业的网络密度对其创业认知能力存在正向影响

H5b：集群企业的网络密度对其创业机会获取能力存在负向影响

H5c：集群企业的网络密度对其创业资源整合能力存在正向影响

3.3.3.3 中介中心性与创业能力

中介中心性（betweenness centrality）也叫居间中心性，是弗里曼（1979）提出的三种网络中心性之一，表示行动者在其他行动者之间相连的最短路径上占据中间人的位置并连接双方，代表一种对他人潜在的控制力量。中介中心性特别适合评估行动者在网络中的权力，中介位置的行动者在扮演其角色的过程中往往可以轻易地控制和扭曲资源。集群企业的中介中心性表明其在多大程度上扮演了联系本地网络主体之间互动的中间人的角色（戴维奇，2010）。由于存在不同形态的网络，同一主体会在不同的网络中拥有不同的中介中心性（薛靖、谢荷锋，2006）。因此，集群企业在不同的网络关系内容上可能存在不同的中介中心性。

学者们针对中介中心性对个人创新行为影响的实证研究表明，中介中心性与个人的创造力及创意存在正相关关系（Perry - Smith & Shalley，2003）；

在咨询网络中的中介中心性与个人工作表现呈正向相关关系（Sparrowe et al.，2001）；中心性会影响行政创新（Ibarra，1993）。可见，基于上述关系内容考察中介中心性对创业能力产生的影响均是正向的。

对集群企业来说，具有较高中心性的企业和较低中心性的企业在创新和模仿间的选择有明显的差异。占据较高中心性的企业由于其占据了特殊的网络位置，更容易获取稀缺的创新资源，更容易产生创新活动，有利于集群创新的开展（郑军，2011）。中心性反映了创业者或创业型企业获取资源的能力（Hoang & Antoncic，2003），中心性高的企业在产业中较易取得资讯与技术资源，具有获取资源的优势和控制优势（Adler et al.，2002），因此往往更易于产生创新创业行为而非模仿行为。综合以上观点，中心性较高的企业具有较高的创新潜力，更容易获取孕育创新的资源，更容易获取信息，更可能去进行创新而不是模仿周围企业的行为，进而提高企业的创业机会获取能力。如果某企业在集群创新网络中居于中心性位置，那么当有新的企业节点进入时必然会设法与之产生联系，希望成为其合作伙伴，亦即关系构建中存在“路径依赖”（Butler & Hansen，1991）。具有中介中心性的企业更容易与其他节点建立合作关系，从而获取更多有利于创新的稀缺资源。创业行为在拥有丰富的、异质的网络信息环境中表现得更活跃，此时居于中心地位的企业就拥有更多的机会和较高获取知识和信息的能力。因此，较高的中心性能够更好地促进创业活动的产生。

此外，从实质上看，一个行动者若具有较高的中介中心性，则表示其处于大量跨越结构洞的位置。结构洞是指建立在活动主体双方没有直接接触，或是不拥有共同关系的两类主体间的“桥”（Burt，1982）。占据结构洞位置的企业能够获取来自多方面的非重复信息，并成为信息的集散地，如占据了竞争者与政府部门的结构空洞位置可以为企业获取来自政府部门的竞争性资源（朱浩义，2005），拥有由位置优势决定的信息优势和控制优势（Adler et al.，2002）。布特（Burt，1992）认为，当行动者处于跨越结构洞的位置时，可以享受到信息优势和控制优势，跨越结构洞的行动者可将原本没有联系的行动者连接起来，从而获得第三方所带来的“渔翁之利”，能更好地了解和控制有利可图的机会。创业机会的提摩模式也表明，创业个体、团队或组织嵌入的社会网络结构如果存在结构洞，那么会产生创业机会（颜士梅等，

2008）。在集群创新网络中，企业拥有的结构洞越多，可获取的信息、知识等创新资源也就越多，创新活动就越可能被激发，创新成功的可能性也就越大（郑军，2011）。

因此，本章预期：

H6a：集群企业的中介中心性对其创业认知能力存在正向影响

H6b：集群企业的中介中心性对其创业机会获取能力存在正向影响

H6c：集群企业的中介中心性对其创业资源整合能力存在正向影响

3.4 本章小结

本章研究了集群企业网络对企业创业行为的影响机理。集群企业创业专指集群中已建企业的创业行为，考察的是集群内部企业层面的创业行为，本章定义集群企业创业行为是集群内已建企业的创新、风险投资活动的总和。本章所研究的集群企业网络由集群内部的企业及其之间的关系所构成，基于嵌入性观点将集群企业网络嵌入分为关系嵌入和结构嵌入两大类别。从能力理论出发，本章运用企业动态能力分析了集群企业创业能力与创业行为的关联，并明确了创业能力的具体维度，将与创业相关的能力定义为企业创业能力，主要包括创业认知能力、创业机会获取能力和创业资源整合能力。在此基础上，本章提出了集群企业创业能力对创业行为影响的 3 条假设，以及集群企业网络对企业创业能力影响的 15 条假设。下一章将构建研究模型并进行相关假设检验。

第 4 章

产业集群企业网络对创业行为影响的模型实证①

4.1 概念模型

在前一章的分析基础上，本章通过以集群企业创业能力为中介构建了集群企业网络特征对其创业行为影响的概念模型（如图 4－1 所示）。

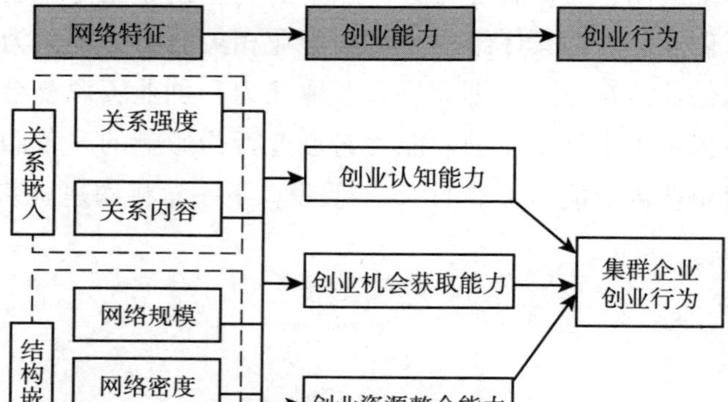

图 4－1　集群企业网络特征对其创业行为影响的概念模型

① 部分内容已发表于：叶峥，郑健壮．集群企业网络特征与创业行为：基于创业能力的实证研究［J］．科研管理，2014（1）：58－65.

4.2 数据收集

4.2.1 样本选择

在研究中，为了尽可能获得适于本研究的相对充足且真实有效的样本量，首要任务是确定问卷恰当的发放区。浙江的产业集群是浙江的经济特色，对浙江的工业经济具有重要作用，在我国具有一定的代表性。根据 2009 年浙江省确定 21 个块状经济向现代产业集群转型示范区时的统计，截至 2008 年底，全省共有 10 亿元产值以上的块状经济 312 个，实现销售收入 2.81 万亿元、从业人员 831 万人，分别占全省总量的 54%、56%①，撑起了浙江工业的半壁江山。基于上述，考虑到样本回收的便利性，作者将问卷发放的区域确定在浙江省范围内。同时，考虑到研究主题是集群企业的创业行为，因此，选择了第一批列入“浙江省产业集群转型升级示范区试点名单”的乐清工业电气产业集群、嵊州领带产业集群、金华汽车和零部件产业集群和“块状经济向现代产业集群转型升级示范区第二批试点名单”的诸暨大唐袜业产业集群、东阳磁性电子材料产业集群和兰溪棉纺织产业集群共六个产业集群进行了调研。

4.2.2 问卷设计

本书的第 3 章分析了集群企业创业行为与创业能力的关系和集群企业网络特征对其创业能力的影响，提出了相关假设，在本章构建了研究的概念模型，据此形成问卷初稿，包括以下四部分：①企业基本情况。主要用以获取填写人背景信息、企业成立时间、企业性质、企业类型、销售总额等一些基本信息。②集群企业的网络特征。该部分旨在了解被调研的集群企业在集群

---

① 浙江确定 21 个块状经济向现代产业集群转型示范区，2009－7－29，http://www.gov.cn/gzdt/2009－07/29/content_1377896.htm.

企业网络中与其他企业的关系嵌入（关系强度和关系内容）情况和在整个集群企业网络中的结构嵌入（网络规模、网络密度和中介中心性）情况。③集群企业的创业能力。该部分旨在了解被调研的集群企业在创业认知能力、创业机会获取能力和创业资源整合能力方面的情况。④集群企业的创业行为。该部分旨在了解集群企业在以创新和风险投资为特征的企业创业方面的情况。

在问卷设计过程中，作者征求了三位相关专业领域的专家，他们分别是浙江大学、浙江工业大学、浙江理工大学的教授，然后咨询了研究团队的相关意见，并进一步修改了问卷。

对于问卷初稿，作者通过前期参与对富阳造纸产业集群、海宁经编产业集群、安吉椅业产业集群的实地调研，将问卷向企业家发放，在完成问卷填写后，从题项设计、语言表达等方面广泛征集了他们的意见，根据对问卷预测的初步检验分析与交流的反馈，对问卷进一步修改完善，形成最终调查问卷（见附录1）。

4.2.3 问卷发放与回收

根据本章的研究对象，问卷的主要发放对象是所选择的六个产业集群中的企业。考虑到问卷所需的部分信息需要被调查者对企业和所在集群有比较全面的了解，同时，对企业网络特征、创业能力、创业行为之间关系能较为准确地理解，因此，选择在企业中有三年以上任职年限的中高层管理者填写，以保证问卷回答的有效性和可靠性。作者通过联系人①进行部分问卷的发放与回收，其余问卷通过作者的人脉关系，直接委托当地院校的师生进行问卷调查。问卷的发放和回收经历了两轮。第一轮于2012年2月至2012年4月在金华汽车和零部件产业集群、东阳磁性电子材料产业集群和兰溪棉纺织产业集群各发放问卷100份共计300份，回收问卷141份，问卷回收率47%；其中有效问卷132份（包括金华汽车和零部件产业集群48份，东阳磁性电子材料产业集群40份，兰溪棉纺织产业集群44份），总体有效问卷回收率44%。第二轮于2012年5月至2012年9月在乐清工业电气产业集群、诸暨

① 作者在金华、乐清、绍兴三地设立了联系人，他们任职于地方政府相关管理部门、行业协会或产业园区管委会，在当地产业集群的问卷调查中起到了关键作用，具体表现为保证了有效问卷回收率。

大唐袜业产业集群、嵊州领带产业集群共发放问卷 618 份，回收问卷 351 份，问卷回收率 56.8%；其中有效问卷 338 份（乐清工业电气产业集群 138 份，诸暨大唐袜业产业集群 126 份，嵊州领带产业集群 74 份），问卷有效率为 54.69%。本研究整体问卷共发放 918 份，回收 492 份，问卷回收率 53.59%，有效问卷 470 份，问卷有效率 51.2%。

4.3 变量测量

根据所提出的概念模型，本研究涉及的变量包括集群企业创业行为，集群企业网络的关系嵌入和结构嵌入，集群企业创业认知能力、创业机会获取能力和创业资源整合能力等（见图 4-2）。在变量的测量方式上，由于这些变量多数难以量化测定，本章对变量的测度均采用主观感知方法以李克特（Likert 7）级量表打分法为主。根据 Likert 7 级打分法的原则，本章在调查问卷中界定了数字 1~7 依次表示从完全不符合向完全符合过渡，其中 4 为中性标准（一般）。在量表开发中，尽量借鉴相对完善的标准量表，同时根据以往研究中对变量内涵的界定，对一些变量自行设计了量表。

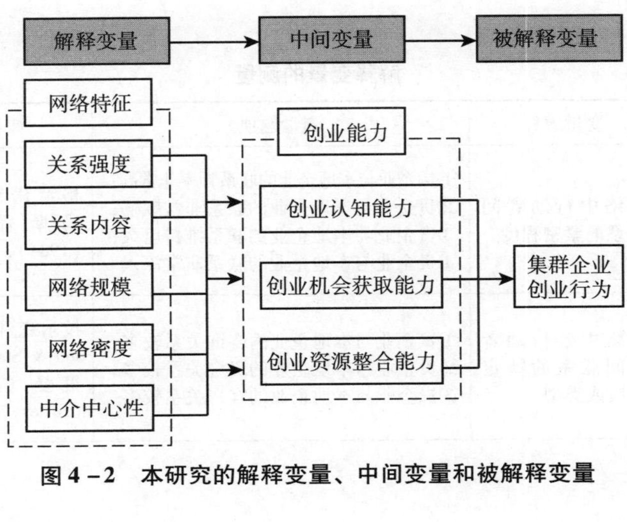

图 4-2　本研究的解释变量、中间变量和被解释变量

4.3.1 被解释变量

在本章中，集群企业创业行为是被解释变量。根据戴维奇（2010）对集群企业公司创业行为测度的研究成果，集群企业的公司创业行为主要包括管理创新、产品创新、国内风险投资和国外风险投资四个维度。通过研究前期作者对一些产业集群的实地调研征求到的对问卷初稿的意见，本章依据创业活动的差异将上述企业创业行为的四维度进一步概括为创新和风险投资两个维度，并设计了“近五年，贵企业有过以创新为表现的创业行为”和“近五年，贵企业有过以风险投资为表现的创业行为”两个问项，对集群企业创业行为进行度量。

4.3.2 解释变量

本研究的解释变量是集群企业的网络特征，具体有关系嵌入和结构嵌入两个维度。表现关系嵌入的细分变量包括关系强度和关系内容；表现结构嵌入的细分变量包括网络规模、网络密度和中介中心性。本研究对解释变量的测量见表4-1。

表4-1 解释变量的测量

变量名称	变量解释	测量题项	来源或依据
关系强度	网络中行动者间联系的紧密程度	①贵企业与本地企业的联系频率非常高； ②贵企业与本地企业的联系非常顺畅； ③贵企业与本地企业的联系维持已久； ④贵企业与本地企业的联系非常深入	格兰诺维特（1973），马斯登和坎贝尔（1984），乌兹（1999）
关系内容	网络中各行动者之间联系的特定性质或类型	①贵企业与本地企业的咨询关系较多； ②贵企业与本地企业的资金关系较多； ③贵企业与本地企业的客户关系较多	拉尔森和斯达尔（Larson & Starr，1992），弗里曼（1999），伯利（Birley，1985）

续表

变量名称	变量解释	测量题项	来源或依据
网络规模	中心活动者与其他活动者直接连接的数量	①相比于本地同行企业，贵企业有联系的本地企业更多； ②相比于本地同行企业，贵企业有联系的本地辅助机构更多	依据张世勋（2002）做改动
网络密度*	网络内实际存在的联系数量占所有可能联系数量之和的比例	①相比于本地同行企业，贵企业已建立的与本地企业的联系占所有可能建立的联系的比例更高； ②相比于本地同行企业，贵企业已建立的与本地辅助机构的联系占所有可能建立的联系的比例更高	依据斯科特（2007）做改动
中介中心性	行动者在其他行动者之间相连的最短路径上占据中间人的位置并连接双方	①企业往来的对象在建立联系时，很多要靠贵企业从中牵线搭桥； ②离开贵企业，本地有不少企业将失去重要的信息源	张世勋（2002）、戴维奇（2010） 黄和安（Hoang & Antoncic，2003）

注：受调研条件限制，本研究未对集群整体网络进行全面的测量，无法计算出各企业网络密度的具体数值，故依据斯科特（2007）对网络密度的解释，本书自行设计了测量问项。

资料来源：作者根据上述代表学者观点整理。

4.3.3 中间变量

本研究的中间变量是集群企业的创业能力，具体包括创业认知能力、机会获取能力和资源整合能力。对中间变量的测量见表 4－2。

表 4－2　　中间变量的测量

变量名称	变量解释	测量题项	来源或依据
创业认知能力	创业认知能力包括创业动机，资源禀赋（背景与经历，有关创业方面的知识），风险判断力与承受力，对选择的期望值	①贵企业非常强调和支持创新； ②贵企业非常强调在行动上领先对手； ③贵企业非常注重对未来进行前瞻性判断与思考； ④贵企业非常倾向于采取大胆行动以实现企业目标； ⑤贵企业通常易于接受冒险的可能后果	奈特（Knight，1997），明尼蒂和比格拉弗（Minniti & Bygrave，2001），米勒和弗里森（Miller & Friesen，1982）

续表

变量名称	变量解释	测量题项	来源或依据
机会获取能力	接触、识别、获得机会的能力	①贵企业非常善于发现市场中的潜在机会；②贵企业非常注重参加与创业有关的讲座或培训；③贵企业非常注重参加技术交流会或产品展示会；④贵企业非常强调开发和创造机会；⑤贵企业非常善于把握机会	斯蒂芬森，罗伯特和格洛斯贝克（Stevenson，Roberts，Grousbeck，1989），谢恩和万卡特拉曼（Shane & Venkatraman，2000），朗普金和戴斯（Lumpkin & Dess，2001），蒂蒙斯和拜尔格瑞夫（Timmons & Bygrave，1986），莎拉斯维斯（Sarasvathy，2001）
资源整合能力	综合配置和协调各种资源以利用机会的能力	①为完成某项任务，贵企业通常能快速组建团队；②贵企业在筹集资金上较为快速；③贵企业受到本地政府部门较大的支持；④贵企业能较为顺利地办妥创业有关手续	康纳和普拉哈拉德（Conner & Prahalad，1996），熊彼特（Schumpeter，1934），范思泼（Vesper，1990），卡茨和高德纳（Katz & Gartner，1988）

资料来源：作者根据上述代表学者观点整理。

4.4 实证分析

4.4.1 结构方程模型分析法

选择的数据分析工具是否合适，关系到假设检验的科学性。考虑到影响集群企业创业行为的网络关系嵌入和网络结构嵌入特征，以及企业创业能力所涉及的变量具有主观性强、难以直接度量、度量误差大、因果关系比较复杂等特点，在数据分析时采用多元回归等传统方法效率低且效果不理想。本章将通过使用结构方程模型法（structural equation modeling，简称SEM）来验证以上假设的概念模型。结构方程模型是一种综合运用多元回归分析、路径分析和确认性因子分析方法而形成的统计数据分析工具，可用来解释一个或多个自变量与一个或多个因变量之间的关系。SEM 允许其因变量之间可以有相关性，因为这些相关性并不影响整体模型路径的分析结果，因此它比一般线性模式统计程序有更突出的优越性。结构方程模型通常由模型设定、模型识别、模型估计、模型评价和模型修正五个步骤组成。本章采用 AMOS（analysis of moment structures）软件来实现 SEM 的分析过程。

4.4.2 数据分析

在运用 AMOS 分析运算之前，必须对数据进行合理性及有效性的分析检验，主要包括样本容量、样本数据的分布和样本数据的信度与效度。

4.4.2.1 样本容量

对使用 SEM 所需的最低样本容量要求，尽管存在多种看法，但一般认为样本容量至少在 100～150 之间，才适于用极大似然法（ML）对结构模型进行估计（Ding, Velicer & Harlow, 1995）。本次共收集到集群企业有效样本数据 470 份，满足上述要求。

4.4.2.2 描述性统计分析

描述性统计主要对样本基本资料，包括企业成立年限、企业性质、企业类型、销售总额进行统计分析，以描述样本的类别、特性以及比例分配情况。本研究最终取得有效样本 470 份，样本的主要特征如表 4－3 所示。

表 4－3　样本的描述性统计

企业类型	成品制造商		加工配套企业		总数
企业数（个）	83		387		470
比例（%）	17.66		82.34		100
企业成立年限	0～3.5 年	3.5～5 年	6～10 年	10 年及以上	总数
企业数（个）	0	58	229	183	470
比例（%）	0.00	12.34	48.72	38.94	100

续表

企业性质	国有	集体	民营（私营）	外资（合资）	总数
企业数（个）	3	22	412	33	470
比例（%）	0.64	4.68	87.66	7.02	100
销售总额	3 亿元及以上	2 000 万～3 亿元	500 万～2 000 万元	500 万元以下	总数
企业数（个）	38	114	279	39	470
比例（%）	8.09	24.26	59.36	8.30	100

资料来源：作者根据问卷所收集资料整理。

从样本集群企业的描述性统计来看，所有样本企业成立年限均在 3.5 年以上，不再视为初创企业①，符合探讨集群企业层面的以创新和风险投资为特征的创业行为的对象；民营（私营）企业占总样本数的 87.66%，符合浙江作为民营经济较为发达省份的情况；企业类型中，成品制造商占总样本数的 17.66%，加工配套企业占 82.34%；2011 年销售总额达 2 000 万元以上②的企业占样本总数的 32.35%，基本符合所调研集群内部的企业分布情况。从描述性统计分析来看，样本在企业成立年限、企业性质、企业类型和销售总额特征方面具有良好的代表性。

4.4.2.3 样本的效度检验

效度是指指标能够真正测度变量的程度，包含内容效度和构建效度两个方面。由于本章的研究模型中用来测量集群企业网络、创业能力和创业行为的量表是根据文献探讨、前人研究结果并结合初步调研，综合了相关领域专家、科研团队的意见进行修正后确定的。因此，可以认为本问卷具有较高的内容效度。

在本研究中的效度分析主要是对构建效度进行检验，通常认为因子分析

① 《全球创业观察》（*Global Entrepreneurship Monitor*）中把成立时间不长于42 个月（3.5 年）的企业视为初创企业。

② 国家统计局于2011 年3 月8 日公布将纳入规模以上工业统计范围的工业企业起点标准从年主营业务收入500 万元提高到2 000 万元。

是检验此效度的常用方法（吴明隆，2003），如果能有效地提取共同因子，且此共同因子与理论结构的特质较为接近，则可判断测量工具具有构建效度。本研究中采用 KMO 检验和 Bartlett's 球形检验对集群企业网络、集群企业创业能力和创业行为的衡量指标进行构建效度的检验。结果如下：

1. 集群企业创业行为

对集群企业创业行为的分析中，本章一共设计了 2 个问项进行测度，首先进行 KMO 检验和巴特利球体检验结果分别为：KMO =0.826 >0.7，巴特利球体检验的 χ^2 统计值的显著性概率为 0.000，小于 0.001，说明数据满足做因子分析的基本条件。依据特征根大于 1 的原则，通过正交旋转法和最大方差法进行主成分因子提取，共得到 1 个因子（集群企业创业行为），总体方差的解释力度达到 92.391%，与指标设置时变量结构一致，说明本研究集群企业创业行为的指标设置具备构建效度，各因子对应的因子负荷表见表 4 –4。

表 4 –4　　集群企业创业行为的因子分析结果

题项		因子负荷系数
		变量 1
集群企业创业行为	CX	0.908
	FT	0.892

2. 集群企业创业能力

对集群企业创业能力的分析中，本章一共设计了 14 个问项进行测度，首先进行 KMO 检验和巴特利球体检验结果分别为：KMO =0.781 >0.7，巴特利球体检验的 χ^2 统计值的显著性概率为 0.000，小于 0.001，说明数据满足做因子分析的基本条件。依据特征根大于 1 的原则，通过正交旋转法和最大方差法进行主成分因子提取，共得到 3 个因子，总体方差的解释力度达到 76.503%，与指标设置时变量结构一致，说明本研究中集群企业创业能力的指标设置具备构建效度，各因子对应的因子负荷表见表 4 –5。

表 4－5　　集群企业创业能力因子分析结果

题项		因子负荷系数		
		变量 1	变量 2	变量 3
创业认知能力	RZ1	0.880	0.315	0.119
	RZ2	0.875	0.184	0.233
	RZ3	0.795	0.236	0.186
	RZ4	0.743	0.401	0.155
	RZ5	0.720	0.336	0.239
机会获取能力	HQ1	0.122	0.905	0.102
	HQ2	0.151	0.871	0.243
	HQ3	0.038	0.844	0.394
	HQ4	0.335	0.813	0.228
	HQ5	0.166	0.704	0.261
资源整合能力	ZH1	0.013	0.367	0.893
	ZH2	0.247	0.079	0.865
	ZH3	0.306	0.300	0.772
	ZH4	0.252	0.311	0.759

3. 集群企业网络

在集群企业网络的分析中，本章一共设计了 13 个问项进行测度，其中 7 个问项用于测度关系强度与关系内容，反映集群企业在企业二元关系中的嵌入性；6 个问项分别测度网络规模、网络密度和中介中性性，反映集群企业在整个企业网络中的结构嵌入性。进行 KMO 检验和巴特利球体检验结果分别为 KMO＝0.917＞0.7，巴特利球体检验的 χ^2 统计值的显著性概率为 0.000，小于 0.001，说明数据满足做因子分析的基本条件。依据特征根大于 1 的原则，通过正交旋转法和最大方差法进行主成分因子提取，共得到 5 个因子，总体方差的解释力度达到 94.696%，与指标设置时变量结构一致，说明本研究中集群企业网络的指标设置具备构建效度，各因子对应的因子负荷表见表 4－6。

表 4 – 6　　　　集群企业网络特征的因子分析结果

题项		因子负荷系数				
		变量 1	变量 2	变量 3	变量 4	变量 5
关系强度	Q1	0.805	0.302	0.266	0.244	0.295
	Q2	0.712	0.322	0.338	0.262	0.332
	Q3	0.709	0.456	0.223	0.259	0.226
	Q4	0.705	0.262	0.439	0.354	0.138
关系内容	N1	0.336	0.783	0.308	0.296	0.262
	N2	0.344	0.775	0.314	0.286	0.263
	N3	0.370	0.744	0.352	0.295	0.234
网络规模	G1	0.321	0.315	0.824	0.243	0.206
	G2	0.327	0.333	0.808	0.260	0.212
网络密度	M1	0.328	0.364	0.268	0.764	0.293
	M2	0.359	0.327	0.328	0.749	0.269
中介中心性	J1	0.360	0.320	0.262	0.309	0.746
	J2	0.371	0.441	0.262	0.399	0.677

4.4.2.4 样本的信度检验

信度作用是估计测量误差的大小，反映了测量的可靠程度。量表的信度分析包括内在信度和外在信度分析。本章采用内部信度一致性来测量变量，以误差的方差的大小来度量，一般来说误差越大，信度越小。具体而言，用以衡量信度一般以 Cronbach's α 系数作为评判标准，根据大多数学者的观点，α 系数越大越好。在实际运用中，Cronbach's α 系数大于 0.7 说明样本数据信度通过检验，α 系数在 0.5 至 0.7 之间，说明可以接受，而 α 系数低于 0.35 则应放弃（李怀祖，2004），保留在变量测量题项中的题项对所有题项（Item – Total）的相关系数应大于 0.35（Nunnally，1978）。本研究对所有测量变量的信度检验结果如表 4 – 7。根据表 4 – 7 所示，所有变量测量题项中的题项对所有题项（Item – Total）的相关系数都大于 0.35，Cronbach's α 系数大于 0.7，符合信度检验判断标准，表明本研究设计的量表信度较高，变量之间的内部一致性较高。

表 4-7　　测量变量的信度检验结果

主要维度	变量	测量题项	Cronbach's Alpha 值	Corrected Correlation	Item – Total
集群企业创业	创业行为	CX	0.875	0.701	
		FT		0.522	
创业能力	创业认知能力	RZ1	0.763	0.756	
		RZ2		0.545	
		RZ3		0.498	
		RZ4		0.612	
		RZ5		0.663	
	机会获取能力	HQ1	0.846	0.738	
		HQ2		0.842	
		HQ3		0.567	
		HQ4		0.742	
		HQ5		0.486	
	资源整合能力	ZH1	0.771	0.4357	
		ZH2		0.465	
		ZH3		0.642	
		ZH4		0.856	
网络特征	关系强度	Q1	0.808	0.420	
		Q2		0.457	
		Q3		0.556	
		Q4		0.565	
	关系内容	N1	0.795	0.391	
		N2		0.498	
		N3		0.776	
	网络规模	G1	0.7296	0.535	
		G2		0.622	
	网络密度	M1	0.784	0.553	
		M2		0.691	
	中介中心性	Z1	0.808	0.538	
		Z2		0.488	

4.4.3 模型分析

4.4.3.1 初始SEM模型的变量及路径

在本章构建的集群企业网络特征对其创业行为影响的概念模型的基础上，本研究设定了针对AMOS 7.0软件的初始结构方程模型，图4-3是该模型的路径图。其中：

（1）设计了13个有关集群企业关系嵌入特征的外生显变量，分别是Q1、Q2、Q3、Q4、N1、N2、N3、G1、G2、M1、M2、J1、J2，来测量5个有关集群企业关系嵌入和结构嵌入特征的外生潜变量，分别是：Q——关系强度、N——关系内容、G——网络规模、M——网络密度、Z——中介中心性。

（2）设计了14个有关集群企业创业能力的内生显变量，分别是RZ1、RZ2、RZ3、RZ4、RZ5、HQ1、HQ2、HQ3、HQ4、HQ5、ZH1、ZH2、ZH3、ZH4来测量3个有关集群企业创业能力的内生潜变量，分别是RZ——创业认知能力、HQ——机会获取能力、ZH——创业资源整合能力。

（3）设计了CX、FT这2个关于集群企业创业的内生显变量来测量1个内生潜变量（CY——集群企业创业行为）。

（4）由于数据中可能存在测量误差，很难保证指标值完全地匹配于模型，为了使概念模型得到证明，必须通过引入残余变量容许模型存在测量误差。因此，设计了29个显变量的残余变量（e1…e29），设置了4个潜变量的参差变量（u1-u4），它们的路径系数默认值为1。

（5）在初始结构方程模型中，包含了18条初始假设路径，它们分别显示为5个外生潜变量（Q、N、G、M、Z）对3个内生潜变量（RZ、HQ、ZH）产生影响的关系，3个内生潜变量（RZ、HQ、ZH）对1个内生潜变量（CY）产生影响的关系。

虽然结构方程模型提供了多种不同的模型评价指标，然而不同的指标得到的结果往往相近一致，因此，在SEM技术领域对于指数的优劣与选择方法并共识。本研究最终选取以χ^2检验、χ^2/df、NFI、CFI、RMSEA和SRMR五类指数作为评价模型的拟合指数。

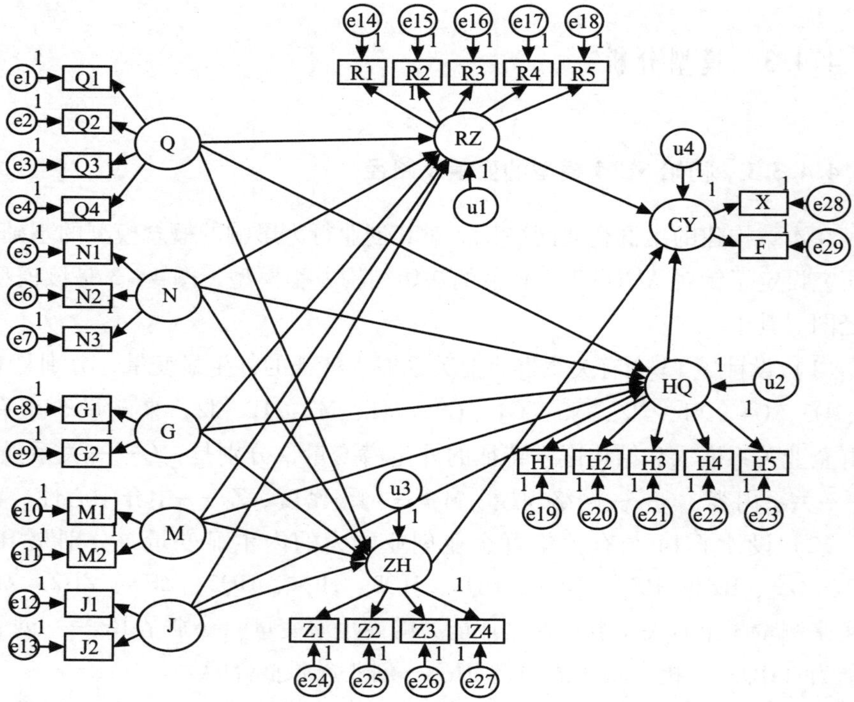

图4-3 初始结构方程路径

经过 AMOS Graphics 的第一次迭代运算，得到 SEM 模型估计的各个指标，运算结果如表4-8、表4-9所示①。拟合结果表明，初始模型拟合的 χ^2 值为948.051（自由度 df = 333），同时，从 $p = 0.000 < 0.05$ 来看，χ^2 不显著，χ^2/df 的值为2.847≤3，因此可对 χ^2 不显著的要求忽略不计，这表明拟合效果可以接受；但该初始模型的 RMSEA 值为0.087，超出建议的0.05～

① 表中：λ_{11}（创业认知能力 <-- 关系强度），λ_{12}（创业认知能力 <-- 关系内容），λ_{13}（创业认知能力 <-- 网络规模），λ_{14}（创业认知能力 <-- 网络密度），λ_{15}（创业认知能力 <-- 中介中心性）；λ_{21}（机会获取能力 <-- 关系强度），λ_{22}（机会获取能力 <-- 关系内容），λ_{23}（机会获取能力 <-- 网络规模），λ_{24}（机会获取能力 <-- 网络密度），λ_{25}（机会获取能力 <-- 中介中心性）；λ_{31}（资源整合能力 <-- 关系强度），λ_{32}（资源整合能力 <-- 关系内容），λ_{33}（资源整合能力 <-- 网络规模），λ_{34}（资源整合能力 <-- 网络密度），λ_{35}（资源整合能力 <-- 中介中心性）；β_1（创业行为 <-- 创业认知能力），β_2（创业行为 <-- 机会获取能力），β_3（创业行为 <-- 资源整合能力）。

0.08 可接受区间内；SRMR 值为 0.067，小于 0.080 的参考值；关键的正态拟合指数 NFI 值为 0.821，CFI 值为 0.833，并未大于 0.900 的参考值。这表明初始模型没有与样本数据很好的拟合，尚需要对初始 SEM 模型做进一步改进，使之更符合数据所反映的模型。

表 4-8　　初始模型的路径系数

路径	标准化路径系数	C. R.	P	路径	标准化路径系数	C. R.	P
λ_{11}	0.038	0.106	0.915	λ_{25}	0.128	6.837	0.000
λ_{12}	0.415	2.916	0.017	λ_{31}	0.322	2.902	0.005
λ_{13}	-0.145	-0.463	0.568	λ_{32}	0.114	2.153	0.014
λ_{14}	0.062	0.272	0.786	λ_{33}	0.126	2.534	0.025
λ_{15}	0.231	2.099	0.035	λ_{34}	0.165	2.883	0.007
λ_{21}	-0.232	-4.694	0.000	λ_{35}	0.128	2.251	0.024
λ_{22}	0.166	2.217	0.027	β_1	0.065	1.068	0.286
λ_{23}	-0.341	-0.209	0.858	β_2	0.085	4.571	0.008
λ_{24}	-0.892	-0.724	0.501	β_3	0.219	8.538	0.000

表 4-9　　初始模型的拟合结果

拟合统计值	测量模型	参考值
χ^2	948.051	>0
df	333	>0
χ^2/df	2.847	≤3
P	0.000	<0.05
NFI	0.821	>0.90
CFI	0.833	>0.90
RMSEA	0.087	<0.08
SRMR	0.067	<0.08

从初始SEM模型运算结果所给出的变量间的路径系数来看，除了少数路径以外，结构方程模型中大部分与路径系数相应的C. R. 值均大于1.96的参考值，且在P≤0.05的水平上具有统计显著性。其中，未达到结构方程模型拟合要求的路径包括λ_{11}（集群企业的创业认知能力 <-- 集群企业的网络关系强度）、λ_{13}（集群企业的创业认知能力 <-- 集群企业的网络规模）、λ_{14}（集群企业的创业认知能力 <-- 集群企业的网络密度）、λ_{23}（集群企业的创业机会获取能力 <-- 集群企业的网络规模）、λ_{24}（集群企业的创业机会获取能力 <-- 集群企业的网络密度）、β_1（集群企业创业行为 <-- 集群企业创业认知能力）。

4.4.3.2 模型的修正与结果

考察使用SEM的相关研究发现，仅有少数模型经过一次运算就能够拟合成功（对于产生模型的分析更为少见）。原因可能是所构建的概念模型本身的确存在一些问题，或者是通过调查问卷所获得的数据所造成的偏差。为此，针对初始模型拟合结果不合格的情况以及部分路径不能通过检验的结果，必须对初始模型进行微调与修正，并检测其各项拟合指标是否可以达到标准的模型。

目前对于SEM模型的修正方法，主要有两种，一是根据初始模型检验中路径检验结果，增加或删去自变量间的路径关系，对模型进行微调。二是应用AMOS 7.0在模型检验结果中给出的可供参考的修改指标MI（modification indices）增加残差间的协方差关系。在0.05的显著性水平下，对MI > 3.84以上的参数路径进行修改（侯泰杰等，2004）。本章在初始模型判断中，有六条路径的C. R. 值较低，P值较高，首先采用的是消除数据与模型之间偏差，通过增加残差间协方差关系及自变量之间的路径对模型进行调整（见表4-10）。

表4-10　　增加的协方差关系及其相应MI值

协方差项	MI值	协方差项	MI值	协方差项	MI值
u2 <--> u3	10.672	e16 <--> u3	7.004	e1 <--> u4	12.991
e10 <--> u1	6.425	e16 <--> u2	25.080	e1 <--> e10	8.722
e8 <--> u2	15.374	e16 <--> e26	11.920	e1 <--> e11	10.112

续表

协方差项	MI 值	协方差项	MI 值	协方差项	MI 值
e9 <--> u2	18.671	e16 <--> e18	17.403	e1 <--> e24	13.433
e9 <--> u4	7.604	e14 <--> e19	11.996	e2 <--> u4	4.905
e9 <--> e11	7.341	e6 <--> u2	12.783	e2 <--> e8	23.937
e20 <--> e24	18.418	e6 <--> u4	12.303	e2 <--> e9	18.558
e21 <--> u2	4.798	e6 <--> e8	11.081	e2 <--> e23	10.559
e21 <--> e9	10.707	e6 <--> e9	17.167	e3 <--> e20	9.903
e17 <--> e20	5.613	e6 <--> e24	12.020	e3 <--> e17	10.482
e17 <--> e22	5.559	e7 <--> u3	18.351	e3 <--> e28	11.443
e18 <--> u1	7.497	e7 <--> u4	17.875	e3 <--> e15	9.443
e18 <--> e10	42.904	e7 <--> e8	33.802	e3 <--> e1	7.501
e18 <--> e11	14.038	e7 <--> e9	39.102	e4 <--> e9	9.596
e18 <--> e27	44.373	e26 <--> e24	15.455	e4 <--> e24	12.150
e19 <--> u3	5.382	e26 <--> e19	9.850	e4 <--> e15	12.021
e19 <--> e11	8.734	e25 <--> e16	10.342	e4 <--> e14	11.932
e19 <--> e20	19.744	e29 <--> e18	75.450	e4 <--> e2	6.867
G <--> J	27.807	e29 <--> e21	22.676	e24 <--> e8	5.686
Q <--> J	25.360	N <--> J	38.195	M <--> J	18.413
N <--> Q	21.234	N <--> G	14.554	N <--> M	5.702
G <--> Q	19.265	M <--> Q	18.449	M <--> G	34.247

通过增加残差间的相关关系和变量间路径关系对初始 SEM 进行修正，修正后模型拟合检验结果和路径系数如下（见表4－11、表4－12）。

表 4－11　　修正 SEM 测量模型的路径系数

路径	标准化路径系数	C. R.	P	路径	标准化路径系数	C. R.	P
λ_{11}	0.127	1.996	0.016	λ_{25}	0.454	5.248	0.000
λ_{12}	0.425	3.224	0.000	λ_{31}	0.453	3.175	0.000
λ_{13}	0.214	2.046	0.025	λ_{32}	0.654	3.512	0.000
λ_{14}	0.122	2.252	0.008	λ_{33}	0.249	3.256	0.001
λ_{15}	0.342	3.265	0.000	λ_{34}	0.199	2.996	0.005
λ_{21}	-0.253	-4.883	0.000	λ_{35}	0.146	2.547	0.002
λ_{22}	0.365	3.117	0.000	β_1	0.274	4.462	0.000
λ_{23}	0.491	1.981	0.023	β_2	0.148	5.258	0.005
λ_{24}	-0.926	-2.812	0.006	β_3	0.221	7.852	0.002

表 4－12　　修正 SEM 测量模型的拟合检验结果

拟合统计值	测量模型	参考值
χ^2	480.764	>0
df	263	>0
χ^2/df	1.828	≤3
P	0.000	<0.05
NFI	0.904	>0.90
CFI	0.913	>0.90
RMSEA	0.068	<0.08
SRMR	0.076	<0.08

拟合结果表明，修正模型拟合的 χ^2 值为 480.764（自由度 df＝263），同时，从 $p=0.000<0.05$ 来看，χ^2 不显著，χ^2/df 的值为 $1.828<2$，可对 χ^2 不显著的要求忽略不计，表明拟合效果较好；模型的 RMSEA 值为 0.068，在所建议的 0.05～0.08 可接受区间内；SRMR 值为 0.076，小于 0.080 的参考值；NFI 和 CFI 值分别为 0.904 和 0.913，均大于 0.900 的参考值，说明 SEM 模型

的拟合效果已经较好。

测量模型部分的各个负荷系数及相应的 C. R. 值如表 4 - 13 所示。可以看到，各测量变量的参数估计值均在 0. 5 ~ 0. 95 的区间内，且 C. R. 值均大于 1. 96，且参数估计值的标准差都大于 0，$P < 0.001$ 的水平上具有显著性。综合各项指标的检验结果可以认为，修正后的模型比初始模型有了大幅的改善。模型最终的路径图如图 4 - 4 所示。

表 4 - 13　　修正 SEM 测量模型中变量参数估计值

变量 <--- 因子	标准化估计值	估计值	S. E.	C. R.	P 值
Q4 <--- 网络关系强度	0. 876	1. 000	—	—	—
Q3 <--- 网络关系强度	0. 584	0. 423	0. 025	16. 938	***
Q2 <--- 网络关系强度	0. 759	1. 040	0. 109	9. 542	***
Q1 <--- 网络关系强度	0. 877	0. 871	0. 106	8. 265	***
N3 <--- 网络关系内容	0. 862	1. 000	—	—	—
N2 <--- 网络关系内容	0. 907	0. 748	0. 115	6. 504	***
N1 <--- 网络关系内容	0. 880	0. 944	0. 151	6. 252	***
G2 <--- 网络规模	0. 771	1. 000	—	—	—
G1 <--- 网络规模	0. 790	1. 017	0. 153	6. 647	***
M2 <--- 网络密度	0. 536	1. 000	—	—	—
M1 <--- 网络密度	0. 914	1. 654	0. 130	12. 723	***
J2 <--- 中介中心性	0. 795	1. 000	—	—	—
J1 <--- 中介中心性	0. 874	1. 059	0. 141	7. 514	***
R1 <--- 创业认知能力	0. 604	1. 000	—	—	—
R2 <--- 创业认知能力	0. 598	0. 800	0. 102	7. 823	***
R3 <--- 创业认知能力	0. 695	1. 127	0. 139	8. 103	***
R4 <--- 创业认知能力	0. 523	0. 687	0. 123	5. 593	***
R5 <--- 创业认知能力	0. 645	0. 724	0. 149	4. 859	***
H5 <--- 机会获取能力	0. 812	1. 000	—	—	—
H4 <--- 机会获取能力	0. 800	0. 862	0. 142	6. 073	***
H3 <--- 机会获取能力	0. 739	1. 168	0. 205	5. 690	***

续表

变量 <--- 因子	标准化估计值	估计值	S. E.	C. R.	P 值
H2 <--- 机会获取能力	0.758	1.033	0.121	8.532	***
H1 <--- 机会获取能力	0.694	0.983	0.099	9.919	***
Z4 <--- 资源整合能力	0.907	1.000	—	—	—
Z3 <--- 资源整合能力	0.802	0.933	0.114	8.185	***
Z2 <--- 资源整合能力	0.849	1.202	0.175	6.869	***
Z1 <--- 资源整合能力	0.804	0.902	0.201	4.511	***
X <--- 创业行为	0.914	1.000	—	—	—
F <--- 创业行为	0.898	0.863	0.066	13.006	***

注：因子负荷为标准化值；—表示设为固定；*** 表示 P<0.001。

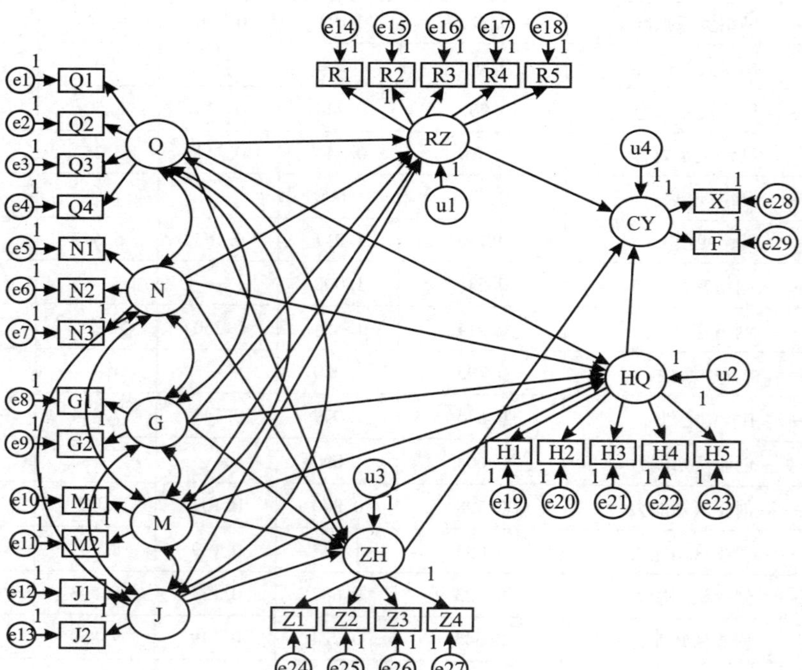

图 4-4 修正后的结构方程路径

4.5 假设检验与结果

根据表 4 – 11 修正后模型的路径系数，考察各项假设：

假设 H1a、H1b、H1c 验证：根据 $\beta_1 = 0.274$，C. R. = 4.462，P = 0.000；$\beta_2 = 0.148$，C. R. = 5.258，P = 0.005；$\beta_3 = 0.221$，C. R. = 7.852，P = 0.002，可得临界比大于参考值 1.96，且路径系数均在 0.05 的显著性水平上，说明集群企业的创业认知能力、创业机会获取能力和创业资源整合能力对集群企业创业行为具有显著的正向影响。集群企业的创业认知能力、机会获取能力和资源整合能力越强，集群企业创业行为越容易发生，即假设 H1a、H1b、H1c 成立。

假设 H2a、H2b、H2c 验证：根据 $\lambda_{11} = 0.127$，C. R. = 1.996，P = 0.016，可得临界比大于参考值 1.96，路径系数在 0.05 的显著性水平上，这说明集群企业的网络关系强度对其创业认知能力存在正向影响；网络关系越强，集群企业的创业认知能力越强。根据 $\lambda_{21} = -0.253$，C. R. = –4.883，P = 0.000，可得临界比大于参考值 1.96，路径系数在 0.05 的显著性水平上，这说明集群企业的网络关系强度对其创业机会获取能力存在负向影响；网络关系越强，集群企业的创业机会获取能力越弱。$\lambda_{31} = 0.453$，C. R. = 3.175，P = 0.000，可得临界比大于参考值 1.96，路径系数在 0.05 的显著性水平上，这说明集群企业的网络关系强度对其创业资源整合能力存在正向影响；网络关系越强，集群企业的创业资源整合能力越强，假设 H2a、H2b、H2c 成立。

假设 H3a、H3b、H3c 验证：根据 $\lambda_{12} = 0.425$，C. R. = 3.224，P = 0.000；$\lambda_{22} = 0.365$，C. R. = 3.117，P = 0.000；$\lambda_{32} = 0.654$，C. R. = 3.512，P = 0.000，可得临界比大于参考值 1.96，且路径系数均在 0.05 的显著性水平上，这说明集群企业的网络关系内容对其创业认知能力、创业机会获取能力和创业资源整合能力存在正向影响。集群企业的网络关系内容越丰富，集群企业的创业认知能力、创业机会获取能力和创业资源整合能力越强，即假设 H3a、H3b、H3c 成立。

假设 H4a、H4b、H4c 验证：$\lambda_{13} = 0.214$，C. R. = 2.046，P = 0.025；λ_{23} =

0.491, C.R. = 1.981, P = 0.023; λ_{33} = 0.249, C.R. = 3.256, P = 0.001, 可得临界比大于参考值1.96，且路径系数均在0.05的显著性水平上，这说明集群企业的网络规模对其创业认知能力、创业机会获取能力和创业资源整合能力存在正向影响。集群企业的网络规模越大，集群企业的创业认知能力、创业机会获取能力和创业资源整合能力越强，即假设H4a、H4b、H4c成立。

假设H5a、H5b、H5c验证：根据 λ_{14} = 0.122, C.R. = 2.252, P = 0.008，可得临界比大于参考值1.96，路径系数在0.05的显著性水平上，这说明集群企业的网络密度对其创业认知能力存在正向影响；网络密度越高，集群企业的创业认知能力越强。λ_{24} = -0.926, C.R. = -2.812, P = 0.006，可得临界比大于参考值1.96，路径系数在0.05的显著性水平上，这说明集群企业的网络密度对其创业机会获取能力存在负向影响；网络密度越高，集群企业的创业机会获取能力越弱。λ_{34} = 0.199, C.R. = 2.996, P = 0.005，可得临界比大于参考值1.96，路径系数在0.05的显著性水平上，这说明集群企业的网络密度对其创业资源整合能力存在正向影响；网络密度越高，集群企业的创业资源整合能力越强。即假设H5a、H5b、H5c成立。

假设H6a、H6b、H6c验证：λ_{15} = 0.342, C.R. = 3.265, P = 0.000; λ_{25} = 0.454, C.R. = 5.248, P = 0.000; λ_{35} = 0.146, C.R. = 2.547, P = 0.002，可得临界比大于参考值1.96，且路径系数均在0.05的显著性水平上，这说明集群企业的中介中心性对其创业认知能力、创业机会获取能力和创业资源整合能力存在正向影响。集群企业的中介中心性越大，集群企业的创业认知能力、创业机会获取能力和创业资源整合能力越强，即假设H6a、H6b、H6c成立。

上述假设的验证表明本章提出的集群企业“网络特征—创业能力—创业行为”的分析框架的适用性。

4.6 本章小结

本章主要通过实证研究分析了传统地理型集群企业的网络特征对其创业能力的影响并进一步对其创业行为产生的影响。实证结果表明，集群企业的创业认知能力、创业机会获取能力和创业资源整合能力对集群企业创业行为具有显著的正向影响。在集群企业网络特征与其创业能力的关系上，集群企业的网络关系内容、网络规模和中介中心性对其创业认知能力、创业机会获取能力和创业资源整合能力均存在正向影响。而集群企业的网络关系强度和网络密度对其创业认知能力、创业资源整合能力存在正向影响，但对其创业机会获取能力存在负向影响。集群企业网络特征最终对整个集群内的企业创业行为产生何种综合影响？集群内某个企业的创业行为具体如何引起其他企业的创业行为？这需要一种综合性的动态研究视角来加以解决，需要进一步研究的是企业创业行为在集群企业网络上的传导过程及传导效果问题。因此，下一章的研究将运用仿真方法模拟集群企业创业行为的传导。

第 5 章

产业集群企业创业传导仿真研究①

本书的第 3、4 章以集群企业为研究对象，从理论和实证层面研究了集群企业所具有的网络嵌入性特征对其创业行为的影响。本章为进一步揭示集群企业网络特征最终对整个集群内的企业创业行为产生何种综合影响，以及集群内某个企业的创业行为具体如何引起其他企业的创业行为这两个问题，将研究对象从微观的集群企业转向中观的产业集群，分析由单个企业的网络特征构成的集群整体企业网络特征对创业行为在集群内企业间传导的作用。本章的研究步骤与思路是：首先，在所调研的六个典型产业集群中选择了诸暨大唐袜业集群和乐清工业电气集群，分别分析其集群背景、集群企业网络特征和集群企业创业行为特征，得出其分别属于市场型和中卫型企业网络的集群；作为案例集群代表，在提炼和分类集群企业网络特征的基础上，将市场型集群、中卫型集群分别与复杂网络中的 ER 模型和 BA 模型相耦合；然后在集群企业创业传导与复杂网络创新扩散的耦合特征分析的基础上，依据本书前几章中关于单个集群企业的网络特征关系嵌入变量和结构嵌入变量，形成传导仿真研究中的集群企业网络特征指标；在上述基础上进行仿真模型设计，并分析仿真结果。

5.1 探索性案例分析

如 2.1.1 中所讨论的产业集群的类型划分，集群企业网络按照集群内部

① 部分内容已发表于：叶峥，郑健壮．集群企业创业传导的仿真研究［J］．管理工程学报，2016（4）：173－178.

的市场结构最基本情况有两种，一种是市场型，另一种是中卫型。前者是由众多的中小企业按照市场导向形成的网络式市场交易为主，以水平联系为主要联系方式，企业间同质性较高，双边依赖性不强，各个企业之间的网络关系形成信息传递的自由通道。后者则以处于支配地位的大企业为中心，众多中小企业为外围而形成，其中既有一个或多个规模较大、创新和竞争能力较强、与外界联系较广的主导型大企业（核心企业，focal firm），也有一大批进行专业化生产和配套服务的中小企业，众多中小企业与少数大企业形成上下游的分工合作的产业链条和信息传递关系（众多中小企业之间几乎很少存在关联），该类型集群企业同质性低，因此企业相互依赖性强，网络中心度高（郑健壮、叶峥，2006）。

5.1.1 诸暨大唐袜业集群：市场型集群①

大唐镇位于浙江省诸暨市中部，是“中国袜业之乡”“国际袜都”“中国袜子名镇”。目前大唐袜业已形成了以大唐镇为中心包括周边 12 个乡镇的占地 53.8 平方公里的区域，吸纳近 15 万人就业的一大产业集群。2011 年，大唐袜业集群生产了各类袜子 193 亿双，产量占全国袜子生产总量的 70% 以上和全球三分之一以上；实现销售收入 540 亿元，利润 46 亿元，企业自营出口创汇 15 亿美元。2012 年 1 ~ 5 月，大唐镇 3 755 家袜子及配套产业实现工业总产值 168 亿元，同比增长 13.3%，袜业自营出口 22 371 万美元，同比增长 32.4%。

大唐袜业集群起源于 20 世纪 70 年代末 80 年代初。当时大量存在的家庭作坊依靠手摇式袜机生产袜子，并在杭金公路两旁提篮卖袜，自发形成了袜子“交易市场”。为顺应经济发展趋势，当地政府创办了第一家乡镇集体袜厂，培养了一批熟练工和业务员，由此带动了家庭作坊蓬勃发展，并已形成了简易市场，吸引了上海、义乌等地的袜商。

20 世纪 90 年代，大唐袜业进入迅速扩张时期。当地政府围绕“以袜业为主体，多种经营，工贸结合，市场联动”的思路，兴建了袜业原料市场，

① 在《基于资源观的产业集群政策研究》（郑健壮、叶峥，2007）的案例分析基础上，经调研修改与完善。

帮助企业建立现代企业制度，使当地袜企数量增多并发展壮大，形成了规模经济。企业生产工艺不断改进促进了生产链细化和延伸，企业间开始出现了专业化分工合作。此后，大唐袜业不断深化发展。1998 年，大唐轻纺原料市场和大唐袜业市场合并组建了浙江大唐袜业城股份有限公司；1999 年，当地政府举办了首届袜业博览会，把大唐袜业集群推向了新的发展。

21 世纪以来，大唐袜业特色工业区和大唐轻纺城相继建成使用，使集聚效应进一步强化，大唐镇成为全国最大的袜子生产基地。大唐企业大量引进高新技术，提升产品质量，并不断拓展外贸业务，走向国际市场。大唐袜业集群超越“美国袜都”佩恩堡成为全球最大的袜业生产基地。连续举行的大唐袜博会，彻底改变了大唐袜业的生存状态。大企业低风险接订单、把业务外包给下游加工企业，这一模式繁衍了大唐诸多的中小企业，同时每年出口增幅达 20% 以上。2010 年大唐镇投资 10 亿元扩建了袜业总部大楼、新袜业市场等，使袜业备品备件供应、生产设备、原辅材料、各类袜业信息、产品销售、袜业生产经营企业向市场集聚。2010 年，大唐袜业共生产袜子 170. 1 亿双，占全国袜子生产总量的 72% ，总产值 442. 7 亿元，销售收入 419. 6 亿元，实现利润 36 亿元，大唐袜业企业自营出口超 1 000 万美元的企业达到 25 家。“十二五”规划以来，为实现大唐袜业集群转型升级目标，集群企业不断拓展发展路径。当地丹吉娅、莎耐特等龙头企业纷纷新增进口电脑丝袜机并新增总投资超 10 亿元的丝袜项目；当地二十多家袜企在大唐镇政府的组织下，参展巴黎国际服装及面料定牌生产展览会；当地近百家小微袜企注册了商标并组建专业网站进行“电子商务”，运用长期外贸加工积累的经验开创属于自己的转型道路。

企业网络特征：大唐袜业集群的企业主要包括在大唐镇及其周边区域长期进行生产经营活动，专业从事织袜及相关品生产制造或销售贸易的各类企业，主要包括织袜、纺丝、加弹、染整、绣花等行业相关的生产制造及销售贸易企业。如表 5 – 1 所示，在企业节点特征上，大量弱小、分布较为均匀而同质化的手工作坊及加工户构成了企业主体，占 1 万家以上，主要接受龙头企业的统一管理，以企业订单为主为其提供外协服务；50 余家销售额 1 亿元以上的中小型织袜企业，它们在纺丝、加弹、染整、绣花等前后道配套上提供专业化分工生产；集群内的 10 余家销售额 2 亿元以上的龙头企业，具有较强的销售能力、外向发展能力、品牌创建能力、后道加工和组织能力。集群内的中小型企业主要利润率集中在生产制造环节，而龙头企业利润率已经转移到设计、营销环节。在企业关系链特征上，上述企业间“弹性专精”的生产方式使大唐袜业形成以织袜为主，纺丝、加弹、染整、绣花等前后道配套的专业化分工协作的产业体系，充分显现下单周期短、交货快，生产效率高的特点。就制造一双袜子而言，其生产过程划分为十几个环节，各生产环节紧密联系，分工极为专业化，每个企业只负责一道工序，而各道工序上有又众多企业竞争，这种竞争合作关系构成了大唐袜业庞大的生产网络。以龙头企业为主体的松散型联合体是大唐袜业的特色鲜明的生产管理体系，具有成效卓著的结构优势。

此外，大唐轻纺袜业城汇集了 3 000 余家经营和生产原辅材料、袜机及备品配件、后整理和联托运等各类袜业配套经营企业，使袜业原辅材料、生产设备、备品备件供应和产品销售向市场集聚。假如大唐某袜子生产企业的织袜机出现故障，只需联系机械配件供应商中的某家进行维修即可解决问题。因此，大唐袜业在整体上形成一种具有整合功能的企业网络，一切资源都围绕着袜业生产和经营进行运转，企业的关联状况可用图 5 - 1 表示。

表 5 - 1　　大唐袜业集群的企业构成情况

企业规模	销售额	数量	特点	典型企业
龙头企业	2 亿元以上	10 余家	销售能力、外向发展能力、品牌创建能力、后道加工和组织能力强	丹吉娅、莎耐特、步人、锦裕、情怡等
中小型企业	1 亿元以上	50 余家	袜子生产，新、专、特、精	龙兴、安丽、申佰利、东方缘等
手工作坊及加工户	100 万元以下	1 万家以上	以龙头企业为主体形成松散型联合体	华尔姿、友扬、海派、嘉瑞等

资料来源：作者根据调研所收集的资料整理。

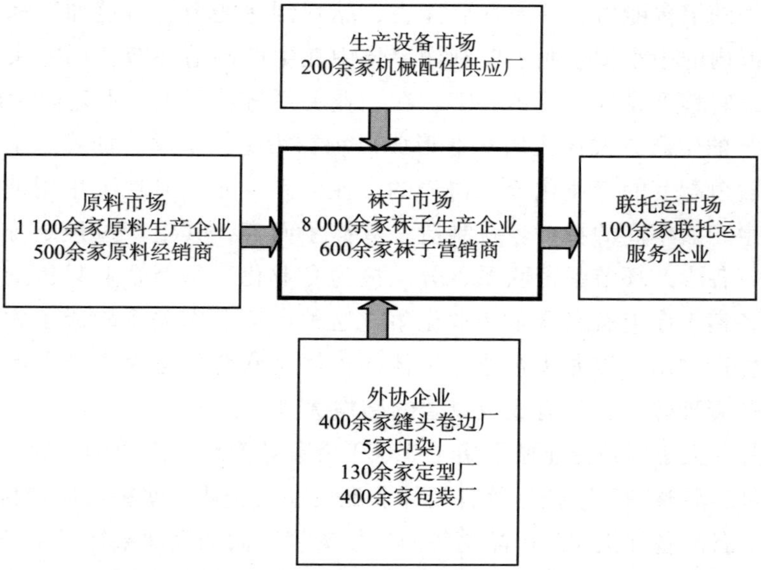

图5-1 大唐袜业集群企业关联

资料来源：作者根据调研所收集资料整理。

通过对本研究第4章中所收集的问卷进行编码分类后，选取诸暨大唐袜业集群的126份有效问卷进行分析。对问卷第二部分的13个关于企业网络特征的描述题项进行统计，得到有18家企业在其中的9个以上选项勾选了“5”及以上分值，表明这18家企业的网络关系强度、网络关系内容、网络规模、网络密度和中介中心性的特征较为显著，将其编码为A类企业；有97家企业在其中4~8个选项勾选了“5”及以上分值，且主要集中于题项1~7，表明他们的关系强度和关系内容特征相对显著，但网络规模、网络密度和中介中心性特征不显著，将其编码为B类企业；其余11家企业在其中2~3个选项勾选了“5”及以上分值，表明它们的网络特征总体不显著，将其编码为C类企业。在上述统计后，进一步对照问卷第一部分企业基本情况，发现上述18家A类企业的“企业类型”一栏均为“A成品制造商”，B类和C类企业的“企业类型”一栏均为“B加工配套企业”；A类企业中有4家企业2011年销售总额在“3亿元以上”，其余14家在“2 000万~3亿元”，B类企业中有4家企业在“2 000万~3亿元”，其余B类和C类企业中，2011年销售总额在“500 万～3 000 万元”的有 88 家企业，在“500 万元”以下的有 11 家企业。上述表明，大唐袜业集群的企业网络特征表现出典型的市场型结构，即众多的中小企业按照产业链的市场导向形成网络式市场交易为主的企业间关系，在各道专业化分工上众多同质性企业竞争，而在前后道企业间形成基于市场的合作（见图 5－2）。因此，集群企业结构度相对较低，表现出更松散灵活的合作方式。

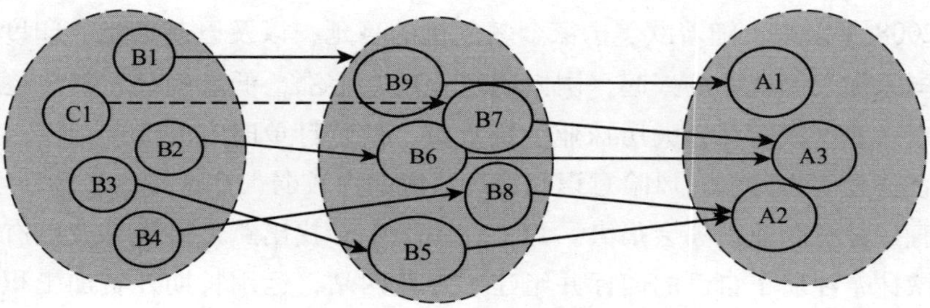

图 5－2　生产的各道工序间分工合作

集群企业创业特征：2004 年，大唐袜业的户均袜机只有 8 台，且低档设备多，高档设备少，80% 的企业总资产在 50 万元以下，销售额 500 万元以上相对较少，销售额超亿元的只有 1 家，企业平均规模较小、产品技术含量不高，以劳动密集型为主。2011 年，大唐袜企中销售额 2 亿元以上的就有 10 余家，1 亿元以上的 50 余家，销售额的迅速增长得益于企业在技术与设备上的创新与投入。进口电袜机数量从 0.6 万台增加到 2 万余台，仅 2005 年一年，大唐袜业企业的技改总投资达 15 亿元，落实项目 140 个，其中千万元以上项目 76 个，亿元以上项目 3 个。2011 年以来，丹吉娅、莎耐特等龙头企业新增进口电脑丝袜机 2 000 余台，单上丝袜项目计划总投资超 10 亿元。海讯集团总投资 23 亿元的熔体涤纶直纺生产线、浙江袜业有限公司总投资 7.2 亿元的丝袜生产线、华海集团总投资 7 亿元的氨纶生产线等重点亿元以上技改项目都围绕着袜业产业链的上下游进行。2012 年集群计划新上袜业技改项目 55 个，总投资达 32 亿元。由此可见大唐袜业集群内龙头企业以技术创新与投入为特点的创业现象。

在国际市场需求低迷和经济增速放缓大环境下，为实现“逆境蜕变”，当地23家袜企在大唐镇政府的组织下，远赴法国巴黎参加国际服装及面料定牌生产展览会。巴黎参展费用只需由企业承担25%，其余由诸暨市财政和大唐镇政府补贴。龙头企业浙江莎耐特袜业有限公司是诸暨最大的袜业出口企业，董事长骆纪达对这次展会印象深刻，“诸暨袜企抱团参加国际展会，不仅提升了大唐袜业整体形象，还带回了订单和需求信息，以及国际企业先进的经营管理理念”。由此可见集群企业为拓展国外市场进行营销渠道创新的创业现象。

2008年以来，随着欧美国家金融危机的蔓延，以及巴基斯坦、印度、越南等国家加工制造业的兴起，国内制造业成本上涨，低端的外贸订单逐步开始向东南亚国家转移，大唐袜业危机重重，外贸订单时有时无。由于多数小微袜企资金实力薄弱，风险意识和市场适应能力较弱，在这样的经济环境下，如果直接停工企业损失会很大。为了在困境中寻找出路，大唐袜业已有近百家小微袜企注册了自己的商标并组建了专业网站，运用长期外贸加工积累的经验，开创属于自己的转型道路。尽管外贸形势较为严峻，但电子商务渠道的拓展使不利因素反成了企业转型的助推器。诸暨某袜商表示，“企业网店一天就能卖出500多双袜子，比以前简单出口时利润提升一半”。大唐不少小微袜企跟这位袜商一样在电商中淘到了“真金”。由此可见大量小微企业以电子商务拓展国内市场为特点的创业现象。

根据集群内某缝头卷边厂负责人的描述，“前年，莎耐特主动到国外拿到了一笔大订单，在卷边这道工序上是用了最新的设计，当时我们为了不丢掉莎耐特这个大‘老板’，厂里的技术人员苦苦研究工艺的改进，以达到新设计的要求。最终我们拿到莎耐特在这笔订单中的卷边业务……后来，国际上趋势就是这一卷边设计。我们由于比较早就进行了对接，近两年，卷边订单在同类企业中都比较靠前。我们现在也给锦裕在配套”。由此可见，集群中某些企业的以营销创新为表现的创业行为直接促成了自身得到发展的新机遇，也直接促成了与其关联的上下游企业的以工艺创新、技术创新为表现的创业行为。集群企业的创业行为自然而然地在关联企业间发生了一定程度的扩散。

5.1.2 乐清工业电气集群：中卫型集群[①]

乐清工业电气集群（即原柳市低压电器集群）位于浙江省东南沿海的温州乐清市。整个区域以柳市镇为中心向周边 7 个镇辐射共计面积 200 多平方公里，包括近 30 个规模不等的工业园区，其中规模较大的有柳市外向型工业园、温州大桥工业园、新光工业园、乐成中心工业园等。集群集群区域内共有电气企业 4 000 多家，其中规模企业 600 多家，年产值 10 亿元以上企业 10 余家、超亿元企业 70 余家，从业人员达 20 多万。2009 年 6 月，乐清工业电气集群被浙江省政府列为首批 21 个块状经济向现代产业集群转型升级示范区试点名单。

从集群的发展历程看，乐清工业电气集群的出现是由一件偶然事件引起的。1966 年，并不具备低压电器生产技术和人员的乐清柳市雨伞厂接到行程开关的订单，经过多方的人员、资金等合作，历时一年后，柳市的第一只电器产品产生。实际上，乐清柳市雨伞厂抓住机会转型成柳市开关厂做开关的现象正是一种企业层面的创业行为。正是企业创业取得的较好经济效益促使当地群众纷纷效仿，在 20 世纪 70 年代初形成了众多家庭作坊，成为乐清工业电气产业起源。

20 世纪 80 年代，乐清工业电气集群进入迅速的规模扩张。1984 年，集群内企业总数已达 1 000 多家，供销员队伍达 1 万余人，低压电器从业人员超过 5 万人，家庭作坊升级到“前店后坊”模式。同年成立的求精开关厂在模仿创新下生产出第一只完整的产品——热继电器，其他当地家庭作坊和个体私营企业纷纷进行了股份合作企业改革。然而，这一阶段后期，集群出现了市场秩序混乱，产品质量低下的问题。在 1989 年国家质量部门的调查中，柳市千家企业中有证企业不到 1%，有证产品不到 0.1%，被检测的无证产品全部不合格。为此，国务院办公厅发出通知专项治理乐清生产和销售无证、伪劣产品。

20 世纪 90 年代初，浙江省对乐清工业电气集群进行了整治，重点扶持 8

---

① 本部分数据来自调研中收集的信息。

家产品质量好且有发展实力的企业。德力西、正泰、天正、新华等取得许可证的企业不断兼并重组有一定生产能力却无证的中小企业，实现横向一体化的企业集团化扩张。集群内的主要企业集团开始尝试营销创新。1994 年，正泰在全国范围内布局自己营销网络，建立了以省城和主要工业城市为中心、以地级城市为重点、以县级城市为辐射点的三级营销网络；德力西公司设立总部营销中心、省级销售总公司和地市级分销公司相结合的三级营销网络；人民集团模仿推出集团营销事业部、直销点、批发中心和各地销售代理相结合的营销管理体系。此外，这些集团开始注重技术创新，很多都设立了研发部门和技术中心，甚至成立了博士流动站来进行自主创新，同时与上海电器科学研究所和清华大学等高校加强合作，不断开发出新产品。集群企业产品结构从单一的低压电器产品延伸到高压电器，从元件电器延伸到高低压成套电器，形成了集输电、变电、配电、工业控制电器和各种特殊用途电器于一体的较完整的电器服务产业链。为协调企业之间关系，联合企业行动，由正泰、德力西、新华等 24 家企业自发组成的企业家协会 1997 年改名为低压电器行业协会。

21 世纪以来，面对国际环境新形势，乐清工业电气集群的发展呈现出了一些新特征。首先是集群核心企业研发水平明显提高。德力西设立了博士后科研工作站，并成立了上海研发中心、德国研发中心和德国德澜公司，形成国内外同步技术研发体系；在国内与西安交通大学、河北工业大学、上海电器科学研究所等建立了稳定的科研人才培养关系。正泰集团技术员工的比例达到 15%，每年投入 5% 的销售额用于研发，目前已有 100 多项自己的专利，高薪技术产品占全部产品的 40% 以上，其中自己研发的万能式断路器和塑盒式断路器处于国际领先水平。各集团越来越多地参与了航空航天产品项目和动车、高铁、地铁等现代交通系统项目，以及医疗行业的核磁共振成像系统的设备生产。另外，正泰集团和华仪集团通过引进国外技术专家，分别组建了浙江正泰太阳能科技有限公司和浙江华仪风能开发有限公司，向新能源领域转型发展。其次，集群企业的跨国合作成为该阶段集群主要特征。如正泰与美国通用电气公司、荷兰 KEMA 公司合作，德力西与法国施耐德电气合作，天正与总部位于瑞士苏黎世的 ABB 集团合作，利用他们先进的技术、管理优势以及品牌等为自身服务，突破了国外的多种壁垒，融入全球化网络，促进集群的升级。同时集群也把产品打入欧洲、北美、东南亚和非洲等国际市场，形成国际化的销售网络。

集群企业网络特征：乐清工业电气集群的生产企业可分为三个层次（见表 5-2）。第一层次以正泰、德力西、天正、华仪等大型企业集团为代表，其特点是规模大、产品种类多、技术实力雄厚，它们通过家庭作坊、股份合作制、集团化和规范化的股份制四个阶段的发展，目前部分企业年产值已超 40 亿元。第二层次以常安、华荣等中型企业为代表，技术创新能力相对薄弱；第三层次主要是小型低压电器组装企业和专业零配件生产商，主要是为前两层次的企业提供配套服务。

表 5-2　乐清工业电气集群的企业构成情况

企业规模	销售额	数量	特点	典型企业
核心企业	10 亿元以上	10 余家	规模大、产品种类多、技术实力雄厚、股份制	正泰、德力西、华仪电气等
中型企业	1 亿元以上	70 余家	技术创新能力相对薄弱	常安、华荣等
组装及零配件企业	500 万元以上	600 余家	为前两层次的企业提供配套服务	云泰、盛强、天舍、乐丰等

资料来源：作者根据调研所收集的资料整理。

从企业关系链来看，正泰、德力西等核心企业作为全国低压电器行业的领头兵和集群的“旗舰企业”，吸引了近千家中小企业加入其产业链，带动了低压电器的技术创新、产品质量档次和品牌效应的提高。比如德力西集团，其下属企业有 70 多家，本地协作企业 1 000 多家；正泰集团的协作企业含上游 412 家供方企业和下游 431 家销售企业；人民集团有 800 多家加工协作企业。处于中间层次的中型企业主要进行低压电器元件的装配、检验和销售。最基础的配件生产则是由数量巨大的中小企业承担，主要生产金属部件、合金材料、注塑部件、酸洗、模具加工等上万种规格的几十万种产品。低压电器产品的 200 个大类中 70% 以上产品都能在集群内找到配件，而且其他外部供应商也在本地设有办事处和分销点等机构。乐清工业电气集群的整个电气产业链包括模具加工、合金材料加工、金属部件制造、注塑部件制造、成品组装等重要生产单元，由 1 400 余家企业分散治理，它们通过上下游采购关系形成一个紧密的分工协作网络，见图 5 -3。

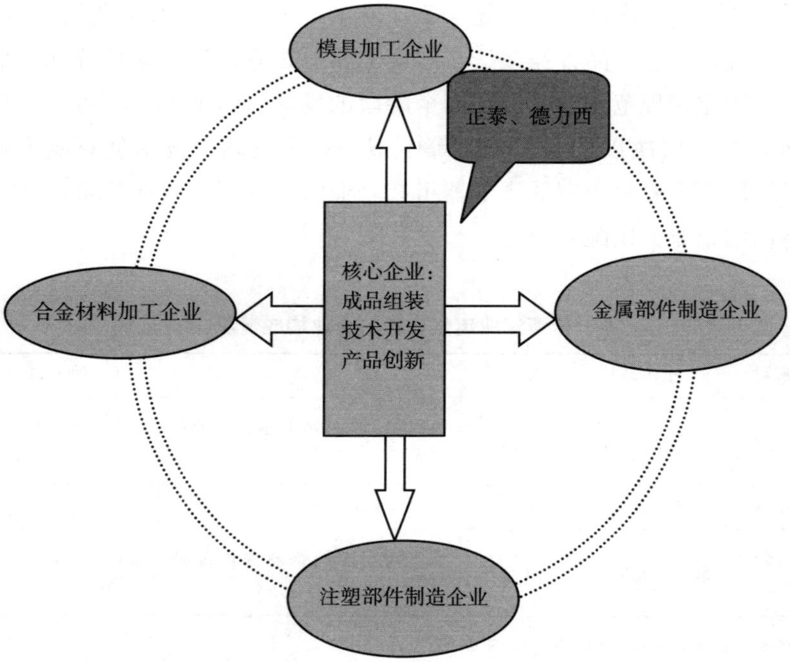

图 5 -3 乐清工业电气集群企业关联

通过对本研究第 4 章中所收集的问卷进行编码分类后，选取乐清工业电气集群的 138 份有效问卷进行分析。对问卷第二部分的 13 个关于企业网络特征的描述题项进行统计，得到有 7 家企业在其中的 12 个以上选项勾选了“5”及以上分值，表明这 7 家企业的网络关系强度、网络关系内容、网络规模、网络密度和中介中心性的特征非常显著，说明其在乐清工业电气集群企业网络中具有较为典型的中心点特征，将其编码为 A 类企业；有 109 家企业在其中 7 ~9 个选项勾选了“5”及以上分值，且主要集中于题项 1 ~7，表明他们的关系强度和关系内容特征相对显著，但网络规模、网络密度和中介中心性特征不显著，将其编码为 B 类企业；其余 22 家企业在其中 3 ~6 个选项勾选了“5”及以上分值，表明他们的网络特征总体不显著，将其编码为 C 类企业。在上述统计后，进一步对照问卷第一部分企业基本情况，发现上述A类企业的“企业类型”一栏均为“A成品制造商”，B类和C类企业的“企业类型”一栏均为“B加工配套企业”；A类企业中有6家企业2011年销售总额在“3亿元以上”，B类企业中14家在“2 000万~3亿元”，B类和C类企业中，2011年销售总额在“500万元~3 000万元”的总计有109家企业，在“500万元”以下的有10家企业。上述表明，乐清工业电气集群的企业网络特征表现出典型的中卫型结构，即网络中存在少量中心点特征突出的规模较大的企业结点，它们具有较多的关联企业，在集群中具有核心作用；有大量非中心点特征的中小企业，它们与集群内的企业在不同程度上建立了关系，但企业间关系的产生主要围绕上述核心企业。

集群企业创业特征：根据前文所述，乐清工业电气集群的源头实际上就是乐清柳市雨伞厂抓住机会转型成柳市开关厂做开关的这一偶然事件，而这正是一种企业层面的创业行为。在其后的20年间，当地群众纷纷效仿形成众多家庭作坊，且家庭作坊在经营方面创新升级到“前店后坊”模式，这些在一定程度上体现企业层面创业行为的特点。更为典型的是在20世纪90年代，面对集群因市场秩序混乱而受到国家集中整治的外部冲击，乐清工业电气集群中的核心企业进行了主动的二次创业。德力西于1992年兼并了集群内的9家电器企业，后又在1996~1998年间通过合作方式先后形成80余家企业联盟；正泰于1994~1995年间对集群内48家企业进行了横向联合组建成正泰集团；长城变压器厂于1994年联合集群内7家企业组建了天正集团。上述企业通过以战略与组织创新为表现的创业行为进一步确立了其在集群中的核心地位。

21世纪以来，在外部环境变迁中，乐清工业电气集群企业的生产从传统的低压电器扩展到低压电器、高压电器、变压器、成套设备、电器开关、防爆电器、仪器仪表、工控电器、电线电缆、电机等100多个系列6 000多个品种20 000多种规格产品。集群内的核心企业始终把自主创新作为企业发展之本，参与了“嫦娥”“神州”号等航空航天产品项目，动车、地铁、高速铁路等现代交通系统项目，以及医疗行业的核磁共振成像系统的设备生产；越来越多的新创高科技企业不断涉入中高压、智能电器及大型电气集成系统等新项目。德力西的科技中心被认定为国家级技术中心，专利总数累计达

301 项，获 3 项国家科技进步奖，在上海成立了博恩世通光电股份有限公司，新建高亮度 LED 外延片和芯片项目。正泰集团通过引进美国第二代太阳能电池技术专家，成立浙江正泰太阳能科技有限公司，专业从事太阳能电池、组件和光伏应用产品研发、生产和销售，成为正泰集团经济发展新的增长极。华仪集团组建浙江华仪风能开发有限公司向风能这一新能源行业进军，从高低压电器制造转型到风能利用设备制造，产品销往内蒙古、山东、浙江及东北各省的电厂。可见，集群企业表现出了通过进入新的产品和业务领域拓展市场的创业现象。此外，为进一步巩固与拓展国外市场，集群企业进一步与知名外企加强合作，并进行了系列收购。如正泰和美国通用电气公司合资成立通用正泰（温州）电器有限公司，正泰控股的温州联凯电气技术检测有限公司与荷兰 KEMA 公司合资兴建凯玛测试服务有限公司。2011 年以来，正泰相继收购了建筑电器、新华集团等优质资产，2012 年收购了正泰仪器仪表与正泰小贷公司，借力资本经营助推产业综合发展的战略已初显。德力西寻求对外合作，促进产业的转型升级，与法国施耐德电气合资成立德力西电气有限公司，在国内外设有销售网点 1 600 多家。合资公司成立以来，实现了以流程和制度来主导的现代化管理。上述现象表明了集群企业在全球化浪潮中以资本运作与企业管理创新为特点的创业行为。

在核心企业涌现出上述创业现象的同时，关联的中小企业也在一轮轮创业冲击中展开了行动。德力西的下属企业中，有一半以上在与法国施耐德电气合资成立德力西电气有限公司后开始推行国外现代化管理流程和制度；在德力西与国际质量管理体系不断接轨的十年中，德力西对本地的协作企业提出了更高程度的质量要求，所有为主导产品提供的零配件均实施了严格的质量控制，使德力西的主导产品通过了 KEMA、UL、CE、VDE、SEMKO 等国外认证，对生产金属部件、合金材料的协作企业的严格质量要求反过来促使了一些质量和信誉好的企业树立了技术创新的目标。此外，一些中小企业受正泰、德力西等企业的创业示范，产生了在当前环境下创业的想法。比如一位注塑部件生产企业的技术负责人提到“为了跟上当前现代化智能电器和大型电气集成系统项目的要求，做好相应的部件配套工作。企业对我们技术人员给予了高度的重视，希望我们在技术上精益求精，拿出一定的资金鼓励我们做一些工艺改良的研发。现在，正泰也有专门的技术人员经常来企业交流和指导”。由此可见，集群内密集的关联往来促进了创业行为在企业间的扩散。

5.1.3 典型集群网络与经典复杂网络的耦合

5.1.3.1 市场型集群与 ER 模型的耦合

复杂网络中的 ER 模型是完全随机网络（Erdos et al.，1960），具有两个重要特性：一是度分布趋于平均。二是节点之间边的连接以如下概率出现。

$$\prod_i = \frac{1}{N(t)} \tag{5.1}$$

其中，$\prod_i$ 表示节点 i 与新节点的连接概率，N(t) 表示 t 时刻的节点数。

市场型集群是企业之间的关系以平等的市场交易为主，各生产厂商以水平联系来完成产品生产的集群（仇保兴，1999）。该类型集群的结构度相对较低，集群企业间同质性较高，双边的依赖性不是很强。市场型集群与 ER 模型的耦合特征（见表 5－3）表现为，市场型集群中高同质性表明企业与企业之间相似度高、重要性趋同，以水平联结为主要方式，即在 ER 模型中节点度分布相对平均；市场型集群中低结构度表明企业间锁定程度、依赖性弱，企业间关系的产生不受企业原有关系的影响，即在 ER 模型中节点之间边以相同概率联结。

表 5－3　ER 模型与市场型集群耦合性判断

类型	特性 1	特性 2
ER 模型	度分布平均	概率联结
市场型	同质性高	结构度低

资料来源：依据黄纯（2012）修改形成。

5.1.3.2 中卫型集群与 BA 模型的耦合

复杂网络中的 BA 模型是一个无标度网络模型（Barabasi et al.，1999），具有两个重要特性：一是增长特性，即网络规模是不断扩大的。二是优先连接特性，即新的节点更倾向于与那些具有较高连接度的“大”结点相连接，连接概率表示如下。

$$\prod_i = \frac{k_i}{\sum_j k_j} \tag{5.2}$$

其中，$\prod_i$ 表示节点 i 与新节点的连接概率，k_i 表示节点 i 的度，$\sum_j k_j$ 中 $j = 1 \sim N$（N 是已有节点数），表示将所有节点的度加总。

中卫型集群是以大企业为中心、众多中小企业为外围而形成的集群（蔡宁，2007）。在该集群中，大企业处于支配地位，中小企业处于外围或下属，主要为“核心企业”进行特定的专业化加工，或根据需要提供专门化产品，或进行限制性销售。该类型集群结构度高，群内企业相互依赖性强，同质性低，企业之间关系主要是上下游的分工合作。中卫型集群与BA模型的耦合特征（见表5-4）表现为，中卫型集群中同质性低表明内部网络结构中存在少量度相对很高的结点，且大企业为中心，即在BA模型中存在的具有较高连接度的“大”结点；中卫型集群中网络内结构度高表明企业间关系的产生是以优先连接大企业为标准的，即在BA模型中具有的优先连接特性。

表5-4　　BA模型与中卫型集群耦合性判断

类型	特性1	特性2
BA模型	具有较高连接度的“大”结点	优先连接
中卫型	同质性低	结构度高

资料来源：依据黄纯（2012）修改形成。

5.2　集群企业创业传导与复杂网络创新扩散的耦合

5.2.1　耦合特征分析

蔡宁和黄纯（2012）在针对集群风险与结构演化的研究中将集群网络结

构与复杂网络模型之间进行了一定的耦合。可见，集群网络在一定程度上具有复杂网络的特征。复杂社会网络上的扩散主要指产品技术（Kameshu，2001；Young，2003）、行为策略（Banerjee，1992；Morris，2000）、思想文化（Bikhchandani，1992）和群体现象（Granovetter，1985）等在特定网络结构的社会网络中的传播（赵正龙等，2010）。复杂社会网络上的扩散特征可概括为三个方面，如表5－5所示。

表5－5　复杂社会网络扩散的特征

特征	特征描述
特征1	个体间的相互作用对于整个扩散过程具有关键作用
特征2	个体决策不仅取决邻居的选择，还会受到个体间联系网络的复杂拓扑构型的影响
特征3	个体选择受到外部因素和人际关系网络的共同影响

资料来源：作者根据上述代表学者观点整理。

此外，根植于人类学、经济学、地理学、社会学、市场学以及其他学科（Hagerstrand，1967；Robertson，1971），借鉴传染模型（epidemic model，Griliches，1957）的有关方法，创新扩散理论（Ryan & Gross，1943；Bailey，1975；Morris，1993；Rogers，2002）被用来解释新想法、新实践如何在组织内和组织间进行传播。赵正龙（2008）根据对扩散过程的不同理解，将创新扩散模型分为宏观扩散模型和微观扩散模型两大类，并通过对复杂社会网络的创新扩散研究发现，邻居效应的强度和复杂社会网络的结构特征对均衡采用者比例有重要影响。邻居效应指个体决策过程容易受到与之联系的邻居个体选择的影响（Manski，2002），即邻居的选择会形成、影响甚至改变个体观念和态度，促使其选择采用或者拒绝（Rogers，2002），其基本思想是创新随着个体间交流沟通而扩散。此外，复杂网络上的同步、扩散、搜索等各种动力学行为都在很大程度上受到拓扑结构的影响，不同结构的网络，其动力学行为表现出明显的、本质上的差异（Strogatz，2001；Albert & Barabasi，2002；Newman，2003；Boccaletti et al.，2007）。复杂社会网络的结构特征对均衡采用者比例的影响在于其对扩散阈值的影响。阈值扩散模型表明个体受到其他采用者影响的程度超过某一个阈值，才会采用同样决策，可用来刻画个体所受影响的累加效果。阈值扩散模型在不同网络结构上的应用研究表明，阈值与网络的结构特征存在显著关系，比如扩散阈值是由网络连通度（connectivity distribution）和扩散机制共同决定的（Morris，2000），度分布与节点度均与扩散阈值存在正相关关系（Jackson & Roger，2007）。网络结构特征对创新扩散过程的三个主要指标产生影响，即网络结构放大系数 K（Lieberman，2005）、创新的存活概率 F 以及创新扩散的时间 S（赵正龙，2008）。

产业集群企业网络的各主体之间通过网状结构而形成的知识流、信息流、资金流和实体流的交换，网络的乘数效应使得主体之间的关系呈现出更大的复杂性；同时因为集群企业在地理位置上相互接近，主体之间容易形成一种嵌入社会结构的共同集群文化，在这种非制度性的文化约束下，系统主体彼此了解和信任，通过正式和非正式的交流手段来开展行为传导与影响，因此，集群企业间的相互作用对于创业行为的整个传导过程具有关键作用，符合复杂社会网络扩散特征。

集群企业网络类型的差异将使得某些处于关键位置的企业可能存在较强的示范效应，使得其他企业争相模仿其创业行为，因此，集群企业的创业行为决策不仅取决于邻居的选择，还会受到集群企业网络的复杂拓扑构型的影响，符合复杂社会网络扩散特征。

集群企业创业的内容和形式存在多样性，产品领域、技术领域的创新以及集群企业的风险投资行为都是企业二次创业的典型活动，常常需要对市场机会进行识别选择；在创业活动的开展中也会与集群外部主体发生关系。因此，集群企业的创业行为选择受市场机遇等外部因素与集群外部网络的共同影响，符合复杂社会网络扩散特征。根据前文定义，集群企业创业行为是集群内已建企业的创新、风险投资活动的总和。而上述表明，集群企业创业行为的传导符合复杂社会网络扩散的特征，事实上就是创业行为在集群企业网络这一复杂社会网络上的传播与扩散。因此，本章将所探讨的集群企业创业传导定义为创业行为在集群企业网络上的传播与扩散，属于一种复杂网络上的扩散现象。

5.2.2 传导路径与关系嵌入：个体间影响模式的耦合

强有力的示范观察学习能够同时改变观察者们的行为、思想模式、情绪反应和价值观（班图拉，1989）。因此，在产业集群内，集群企业受领先型创业企业所形成的示范效应影响，从而对创业认知产生影响，在创业机会下做出类似模仿行为的创业决策。此外，集群企业二次创业的实践表明，集群中某些企业的创新行为直接促成了与其关联的集群外协企业的创新行为，是创业行为在企业间的扩散。因此，基于网络关系的集群企业创业传导是指集群企业的创业决策过程容易受到与之联系的集群企业选择的影响，与复杂社会网络创新扩散个体间影响模式（邻居效应）相耦合，主要考察创业传导的概率。

符正平（2004）研究表明，最优模仿行为是邻近模仿，模仿者对成功者的经营效果信息、技术信息等可以低成本、高质量地获取，模仿效应与集群的地理区域依赖性和社会依赖性特征是吻合的。在邻居效应中，个体间影响模式存在主动影响与被动影响两种模式（赵正龙，2008）。主动影响模式是指个体会有意识地宣传自己，尤其是针对性地向重点邻居个体宣传自己，从而达到加强合作的目的。如果企业之间存在强关系，则容易产生主动影响模式。在主动影响模式下，二次创业的集群企业有意识地将所开展的创新或风险投资活动向自己的关联企业进行传播，从而进一步实现自身的创新或风险投资活动。比如集群企业i将创新产品向关联企业j进行传播，并提出在零配件上所需的创新跟进，从而进一步推进创新产品的生产。被动影响模式是指目标个体不采取任何有意识的行为去影响创新的扩散，扩散概率取决于邻居个体的理性决策过程。若企业之间存在弱关系，则容易产生被动影响模式。在被动影响模式下，二次创业的集群企业i不采取任何有意识的行为向关联企业传播创新产品，而主要依赖于自身完成创新产品的生产与推广。此时，与之关联的集群企业j将综合自身的企业间合作情况进行理性决策，并可能考虑自身发展而拓展与集群企业i在创新产品上的合作。

主动影响模式下的传导概率①为

$$D_{i\to j}=\frac{1}{k_i} \tag{5.3}$$

① 本部分的目的是在上一章的研究结论上，进一步对关系强度对集群企业创业行为的影响进行检验，因此研究中设定两种情况，一是企业间二元关系为强关系，即对应主动影响模式；二是企业间二元关系为弱关系，即对应被动影响模式。研究中不考虑不同企业的二元关系强弱差异。

被动影响模式下的传导概率为

$$D_{i\to j}=\frac{1}{k_j} \tag{5.4}$$

其中 $D_{i\to j}$ 表示由节点 i 向关联节点 j 传导的概率，k_i 表示节点 i 的度，k_j 表示节点 j 的度。

5.2.3 传导效果与结构嵌入：网络结构特征影响模式的耦合

考察集群企业二次创业对整个集群的影响时发现，某些集群企业的二次创业行为最终能成功带动整个集群创业升级，而某些集群企业的二次创业行为则无法形成有效的扩散或传播，在集群中的影响极为有限。赵正龙（2008）对于复杂社会网络的创新扩散研究也表明，中心点特征（网络中极少数节点度很高，而大部分节点的度很低）越明显，相对优势越明显的创新更容易扩散，扩散速度更慢；正的度相关性（度数大的结点倾向于连接度数大的结点）没有明显改变相对优势明显的创新的扩散结果，但却使其扩散速度加快。

因此，基于网络结构的集群企业创业传导是指集群企业的创业行为扩散阈值受集群企业网络结构的影响，与复杂社会网络创新扩散网络结构特征影响模式（阈值扩散模型）相耦合，主要考察市场型与中卫型两种集群企业网络结构特征对创业传导过程与效果的影响。

反映创业传导的过程与效果的指标包括传导成功率 S（受传导的集群创业企业数量）、传导放大系数 E（集群企业累积创业行为次数）、传导集中度 CV（集群内企业创业行为的集中趋势，见公式 5.5）。此外，通过分析传导过程中的实时传导效果，可以得到到传导时间 T（传导过程趋于稳定时的次数，即传导效果趋于极限值的传导次数）。

$$CV=\frac{\sqrt{\dfrac{\sum_{i=1}^{m}(E_i-AE_m)^2}{m}}}{AE_m} \tag{5.5}$$

其中 $AE_m=\frac{\sum_{i=1}^{m}E_i}{m}$ 表示某集群所有企业的平均创业次数，m 表示该集群的企业数，E_i 是该集群中第 i 个企业的创业次数。CV 值越大，说明集群内企业创业行为更趋于集中。

5.3 集群仿真模型的设计

5.3.1 研究模型构建

多主体仿真模型非常适合研究由竞争和互补企业组成的集群所出现的各种现象，对集群创新网络和新产品开发体系这种网络发挥关键作用的复杂适应系统，用多主体仿真模型进行研究是一个正确的选择（Rosanna，2005）。集群企业的二次创业行为通过信息流共享、知识传递和学习、多样化行为特征、创新能力以及行为个体间的复杂关系和结构演进（Holland & Hidden，1995）在集群企业网络中进行传导。因此，运用仿真方法可以考察“初始条件”和“路径依赖”对集群企业创业传导的影响。本章采用 MATLAB7.5 对研究模型进行仿真。集群企业创业传导的仿真分为两步，第一步是生成集群企业网络模型，第二步是进行创业行为传导仿真。生成网络模型和仿真都采用蒙特卡洛方法（Monte Carlo method），基于使用马特赛特旋转演算法（Mersenne Twister）产生的均匀分布的伪随机数，根据相应的概率模型来生成网络和仿真。建立集群企业创业传导模型的主要目的是提出创业行为在一组预期被传导企业之间随创业次数传播的层次，并描述被传导企业数量的连续增长方式，以实现对创业行为未来前景的准确预期。

5.3.2 生成集群企业网络模型

基于前文所述的集群企业网络与复杂网络的耦合，本部分首先区分两类集群的网络结构，由此在 MATLAB 中建立两个模型：MC－ER 模型和 CC－BA 模型。在生成网络模型时，从一个初始节点开始，按照两类集群网络结构节点连接概率规则（公式 5.1 和公式 5.2），每次加入一个新节点，一直增加到400个节点①。网络模型生成后输出两种模型下的网络图和度分布图（如图5－4、图5－5所示）以及网络节点数和网络边的指标。生成的MC－ER

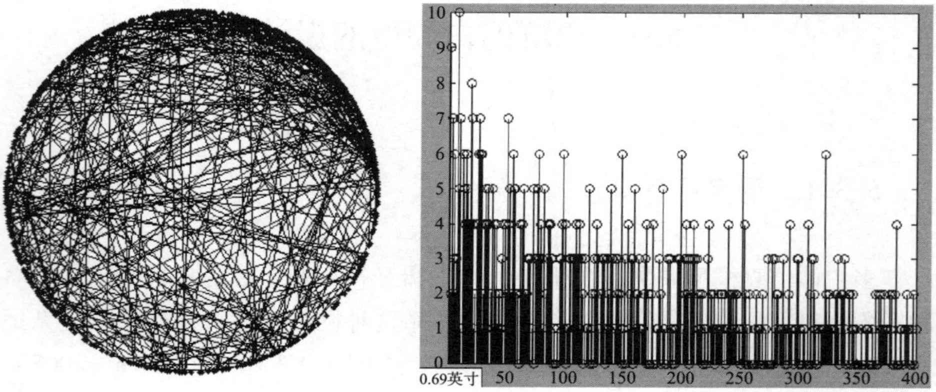

（a）网络图　　（b）度分布图

图5－4　MC－ER模型的网络图和度分布

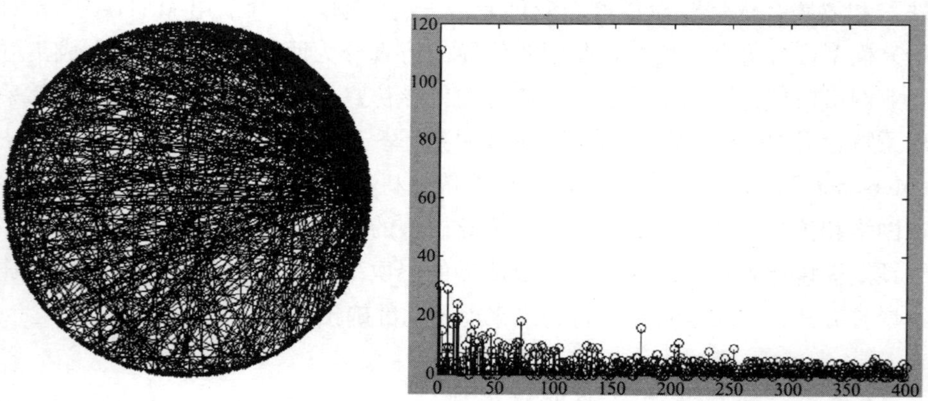

（a）网络图　　（b）度分布图

图5－5　CC－BA模型的网络图和度分布

---

① 考察真实的产业集群，初步形成企业网络的企业数一般达到400家。Matlab中，生成网络的代码中分别设置“er_node＝400”和“ba_node＝400”。

网络模型含 400 个节点，408 条边，99 个孤立节点，度分布平均（介于 0 ~ 10 之间）；生成的 CC – BA 网络模型含 400 个节点，773 条边，46 个孤立节点，存在具有较高连接度的“大”结点（一般节点度介于 0 ~ 20 之间，个别节点的度达到 112）。

5.3.3 创业行为传导仿真

集群企业创业行为传导的仿真思路是：在两种网络模型情况下，随机设定最先进行创业的集群企业（称为目标节点），初始目标节点数分别设定为初始节点的 1% 和 10% 两种情况。根据传导概率 D（即前文主动影响模式和被动影响模式两种情况下的传导概率），目标节点对邻居节点（与其有连接的节点）进行创业传导。受到创业传导的邻居节点即为下一次传导过程开始时的目标节点，传导可反复、累积发生，这一点与技术创新的扩散不同。在技术创新扩散中，对于同一项技术创新，当潜在采用者采用创新成果后，就成为扩散源的一分子，而随着时间的推进，潜在采用者中未采用创新的个体不断减少，直至达到一个稳定状态。而在集群企业创业传导中，已接受企业创业行为的企业仍然可能再次创业，因此，潜在被传导企业不会减少（如果考虑由企业创业行为带来的新增企业数，潜在被传导企业反而增加）。

运行后输出经过 50 次、100 次、200 次传导后[①]的传导过程图和传导效果图，并输出传导成功率 S（受传导的集群创业企业数量）、传导放大系数 E（集群企业累积创业行为次数）、创业集中度 CV（集群内创业行为的集中趋势）三个指标的值。根据仿真输出的传导过程图，分析传导时间 T（传导趋于稳定时的次数）的差异，从而比较出不同网络结构和网络关系下的创业传导时间。依据上述思想在 MATLAB 中反复运行仿真过程文件，得到的集群企业创业传导的部分仿真结果如表 5 – 6 所示。

---

①、Matlab 中，传导仿真的代码中分别设置“reflect_num = 0.01（最先进行二次创业的集群企业比例，其值分别取 0.01 和 0.1）”，“reflect_T = 50（传导次数，其值分别取 50，100 和 200）”，“reflect_type = 0（传导影响模式的类型，0 为主动影响，1 为被动影响）”。

表 5-6　　集群企业创业传导的部分仿真结果

网络模型	仿真输入参数			仿真输出指标			
	影响模式	初始创业企业数（%）	传导次数	S（最终创业企业数）	T（传导稳定时的次数）	E（累积创业次数）	CV（创业行为集中度）
MC-ER	主动影响	1	50	301	25	10 388	0.9512
		10	50	313	15	13 656	0.9511
		1	100	301	27	26 145	0.9405
		1	200	304	30	56 475	0.9421
		10	100	311	20	28 498	0.9256
	被动影响	1	50	301	25	11 630	0.6063
		10	50	315	15	13 487	0.5866
CC-BA	主动影响	1	50	350	20	13 413	1.8924
		10	50	352	15	14 974	1.7968
		1	100	355	27	30 642	1.8864
		1	200	353	32	65 600	1.9103
		10	100	359	20	32 937	1.8250
	被动影响	1	50	356	15	14 117	0.3839
		10	50	356	10	16 209	0.3816

资料来源：作者依据仿真结果整理。

5.4　仿真结果与讨论

经过对模型的多次仿真发现，对两类模型来说，在其他参数不变的情况下，传导次数的变化除了引起 E（累积创业次数）发生几乎同比例的变化外[①]，对 S、T、CV 未产生实质影响，不妨认为传导次数对传导结果不会造成异质性影响。因此，表 5-6 重点列出传导次数为 50 次的其他不同参数

① 如前所述，在仿真中设定传导可反复、累积发生，因此集群企业的累积创业次数随传导次数发生同方向的变化。

下的仿真结果，对传导次数为100次和200次的仿真结果仅列出部分情况以作对比。本部分对不同网络模型的创业传导结果差异，初始目标结点数和影响模式两类参数变化对不同网络模型的创业传导结果影响进一步分析与讨论。

5.4.1 不同网络模型创业传导结果差异

对比观察表5-6，在影响模式、初始创业企业数和传导次数三个仿真输入参数相等的情况下，CC-BA模型的仿真输出指标与MC-ER模型的仿真输出指标存在显著差异，即不同网络模型的传导结果存在较大差异。以主动影响模式下1%初始创业企业经过50次传导的结果为例，市场型集群（MC-ER模型）的最终创业企业数S、传导稳定时次数T、累积创业次数E和创业行为集中度CV分别为301家、25次、10 388次和0.9512；而中卫型集群（CC-BA模型）的最终创业企业数S、传导稳定时次数T、累积创业次数E和创业行为集中度CV分别为350家、20次、13 413次和1.8924。经计算可得市场型集群和中卫型集群的最终创业企业数分别占集群企业总数的75.25%和87.5%。相比市场型的集群企业网络拓扑结构，中卫型的集群企业网络拓扑结构的最终创业企业数高出12.25%，创业传导达到稳定的次数缩短5次，集群内所有企业的累积创业次数高出3 025次。可见，中卫型集群的创业传导结果占优。创业行为集中度的对比说明，相比市场型集群，中卫型集群中的企业创业行为更趋向于集中，这一点与中卫型集群存在“度”大的结点特征极为相似。

5.4.2 初始创业企业数对创业传导结果的影响

改变初始创业企业数，两类模型在不同影响模式下经50次传导后，其传导过程的差异如图5-6所示。对比主动影响模式下初始创业企业数由1%增加到10%的两类模型的传导过程图（图5-6的（a）和（b））发现，MC-ER模型的传导时间T由25次减少到15次，CC-BA模型的传导时间T由20次减少到15次；对比被动影响模式下初始创业企业数由1%增加到10%的两类模型的传导过程图（图5-6的（c）和（d））发现，MC-ER模型的传导时间T由25次减少到15次，CC-BA模型的传导时间T则由15次减少到10次。因此判定，对于两类模型，增加初始创业企业数使传导更早达到稳定效果。根据指标输出（见表5-6），初始创业企业数由1%增加到10%，指标S和E趋优不明显，说明对传导效果影响不大。

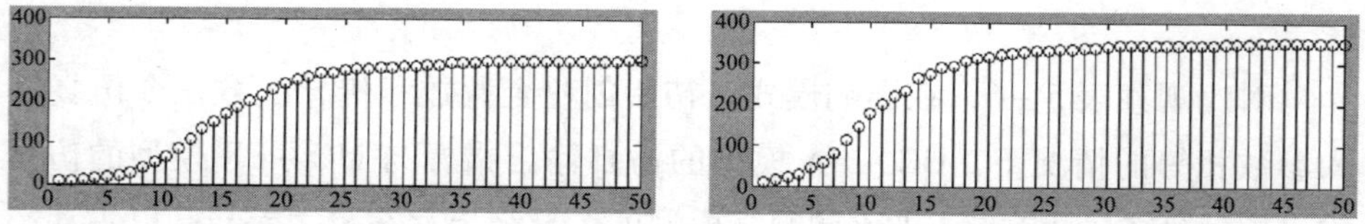

MC-ER模型　　　　CC-BA模型

（a）主动影响，初始目标结点1%

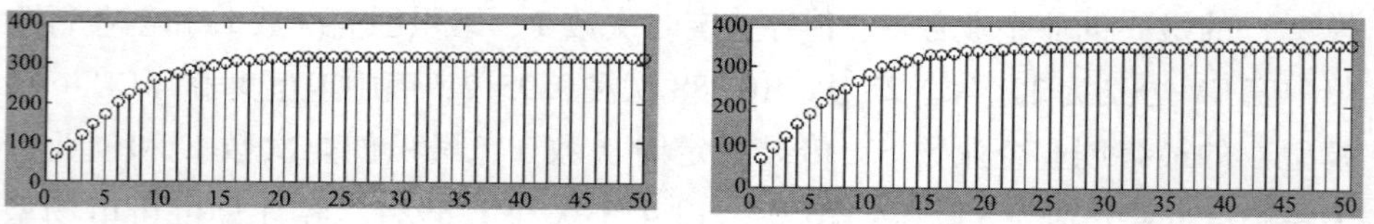

MC-ER模型　　　　CC-BA模型

（b）主动影响，初始目标结点10%

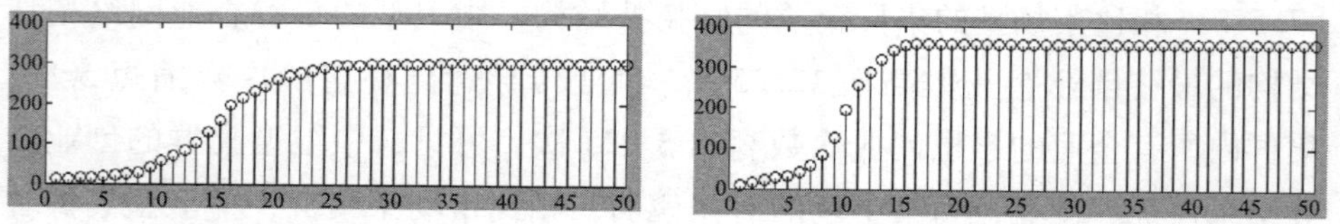

MC-ER模型　　　　CC-BA模型

（c）被动影响，初始目标结点1%

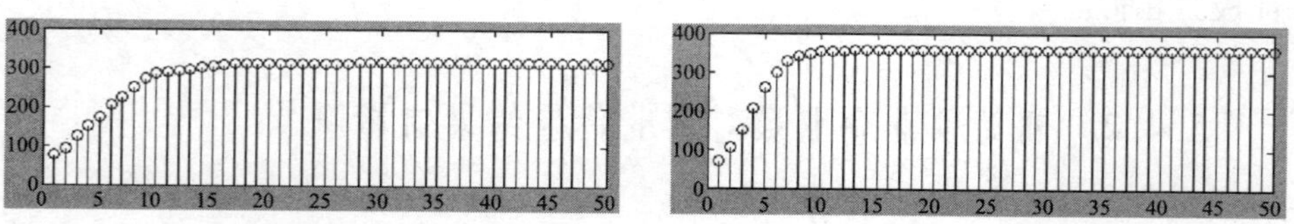

MC-ER模型　　　　CC-BA模型

（d）被动影响，初始目标结点10%

图5-6　改变初始创业企业数对创业传导过程的影响

5.4.3 影响模式对创业传导结果的影响

改变企业间影响模式（传导概率），两类模型在不同初始创业企业数下经50次传导后，其传导效果的差异如图5－7所示。对比初始创业企业数1%时由主动影响转变为被动影响的两类模型的传导效果图（图5－7的（a）和（b））和对比初始创业企业数10%时由主动影响转变为被动影响的两类模型的传导效果图（图5－7的（c）和（d））发现，MC－ER模型和CC－BA模型的集群内不同企业的累积创业次数在被动影响模式下均表现出更为均衡。特别是CC－BA模型，其集群企业累积创业次数在主动影响模式下极度不均衡，而在被动影响模式下则出现了均衡情况。从指标值来看（见表5－6），初始创业企业数1%时，MC－ER模型的CV值从主动影响模式下的0.9512降低到被动影响模式下的0.6063，而集群企业累积创业次数E却从10 388次增加到11 630次，说明被动影响模式下集群企业创业传导效果占优；CC－BA模型在主动影响模式下的CV值为1.8924，创业行为趋于集中，而在被动影响模式下的CV值仅为0.3839，创业行为趋于均衡，且集群企业累计创业次数E从主动影响模式下的13 413次增加到被动影响模式下的14 117次，说明被动影响模式下的传导效果占优。初始创业企业数10%时，MC－ER模型的CV值从主动影响模式下的0.9511降低到被动影响模式下的0.5866，而集群企业累积创业次数E却从13 656次增加到14 487次，说明被动影响模式下集群企业创业传导效果占优；CC－BA模型在主动影响模式下的CV值为1.7968，创业行为趋于集中，而在被动影响模式下的CV值仅为0.3816，创业行为趋于均衡，且集群企业累计创业次数E从主动影响模式下的14 974次增加到被动影响模式下的16 209次，说明被动影响模式下的传导效果占优。因此判定，对于两类模型，被动影响模式下传导效果优于主动影响模式下的传导效果。

此外，对于CC－BA模型，根据图5－6可分析得出，将影响模式从主动影响改变成被动影响模式，在1%的初始创业企业数时，创业传导时间由20次减少到15次；在10%的初始创业企业数时，创业传导时间由15次减少到10次。因此判定，对于CC－BA模型，被动影响模式使创业传导进程显著加快，传导更早达到稳定效果。

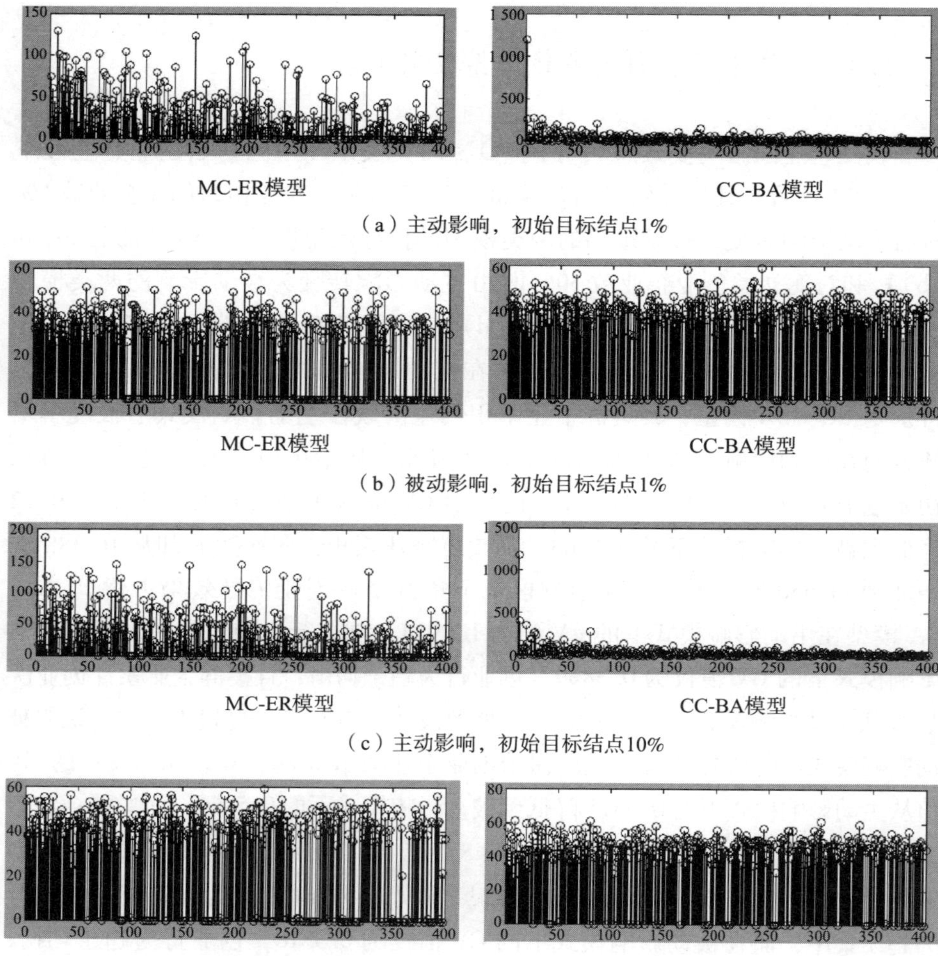

图5－7　改变影响模式对创业传导效果的影响

5.5 本章小结

本部分从复杂网络视角出发，研究了传统地理型集群企业创业行为在集群企业网络上的传导现象，并运用仿真方法对传导过程和传导效果进行了模拟。研究表明：第一，对两类模型，创业传导次数的变化除了引起 E（累积创业次数）发生几乎同比例的变化外，对于集群企业创业传导过程与效果基本没有影响。第二，对于两类模型，增加初始目标结点数使达到相同传导效果的传导时间显著减少，即传导更早达到稳定效果。第三，对于两类模型，在被动影响模式下集群内不同企业的累积创业次数更为均衡，且集群企业累积创业次数显著增加，即被动影响模式下传导效果更为均衡和明显。对于中卫型集群模型，随着影响模式从主动影响变为被动影响，创业行为从趋于集中转变成趋于均衡，创业传导进程显著加快，传导更早达到稳定效果。

上述结论不仅能解释具有邻居效应和复杂社会网络结构特征的产业集群企业创业传导现象，也为本书后续章节提出相应的集群企业创业政策提供了理论指导。

第 6 章

互联网背景下的虚拟集群创业

相较于传统产业集群地域接近产生伴生因素而形成的竞争优势，虚拟产业集群依靠互联网络形成“组织邻近”，能减少集群经济对有限制的地理位置的依赖性，在一定程度上克服锁定（lock-in）效应和路径依赖（path dependence）问题（Thor & Sylvie，2013），从而可能实现更广泛层面的创新经济，形成新的竞争优势。有别于传统集群创业传导中的地方裂变、产业链上下游关系拓展形式，互联网背景下虚拟集群内松散的网络关系与结构为创新提供了崭新的活动环境（Ulrich & Frank，1999），基于互联网平台的动态的多重网络关系使得创新及模仿更易发生（Joyce & Winch，2005），甚至是组建一个全新企业（Childers & Offstein，2007）。

从全国范围看，由株洲棉麻纺织服装产业集群入驻阿里巴巴“1688在线产业带”辐射出了相关传统产业集群互联网化创新从而形成株洲产业带；浙江遂昌电子、河北清远商务产业集群，由于领军企业的盈利效应，各种模拟、创新、配套服务的创业企业数量急剧增加，互联网虚拟集群迅速发展。由此可见，这类虚拟集群的形成与发展离不开企业创业及创业传导现象。对于正在经历互联网信息革命的中国，发展基于互联网应用的虚拟集群恰恰是一条具有中国特色产业集群转型升级路径。本章将围绕互联网背景下的虚拟产业集群，分析其类型，并选择案例进行创业问题的探索性分析。

6.1 互联网虚拟集群创业类型分析

6.1.1 互联网虚拟集群与传统产业集群的对比分析

根据伊莉莎、伊拉丽亚和法布里齐奥（Elisa，Ilaria & Fabrizio，2013）的观点，传统地理型产业集群的小企业集中在特定区域并以生产灵活性和市场变动调整迅速为特点；且涵盖产业链全部生产环节的区域产业专业化。传统集群理论认为，地理临近使得企业交流频率高，从而大大降低信息不对称状况。集群内的企业，尤其是互补型企业，由于地理集中增加了互相之间的认同感，并且在频繁的交易过程中结成利益共同体，相互之间存在着地缘性的隐形契约关系，这使得交易的许多环节得以省略，从而降低契约成本。而在专业化分工的不断深入的背景下，产业链的迂回程度不断增强。生产的各个环节可以在更大的地理范围内以更加分散的方式进行。特定的地理区域已无法提供产业发展需要的所有要素。随着企业的进一步发展，需求逐渐从有形品转向服务产品，特别是诸如 IT 的专业性服务产品。基于互联网的虚拟集群中的企业可以利用自己的核心竞争力，依托信息网络结合各方力量对外部资源进行整合，以期在全社会范围内实现要素的最优配置。另外，虚拟集聚内部的交易链接往往包括进行重复和相关交易的供需双方。交易参与者是确定且可识别的，因此搜寻成本降低。基于互联网的虚拟集群与传统产业集群的创业特征的分析如表 6－1 所示。

表 6－1　　基于互联网的虚拟集群与传统产业集群的创业特征对比

项目	传统产业集群创业特征	基于互联网的虚拟集群创业特征
创业集聚性	地理邻近、区域性强、产业链平台	跨区域、基于互联网平台
形成动力	要素和专业化分工驱动	互联网创新驱动
创业途径	面对面交流	虚拟网络化、电子化
网络特点	以专业化分工合作形成的区域性网络	基于互联网的开放式松散型分工合作网络

续表

项目	传统产业集群创业特征	基于互联网的虚拟集群创业特征
竞争形式	信息地域性制约决定的“排他性”竞争	受网络化技术和市场经济法则决定的开放的“排劣性”竞争
交易方式	传统交易方式	互联网交易

资料来源：作者根据莫利纳和庞古塔（Molina & Ponguta，1997）、孙耀吾和曾德明（2005）、朱塞平娜和朱斯蒂娜（Giuseppina & Giustina，2002）、张树臣和高长元（2013）等学者的观点整理。

虚拟产业集群的特征是不受地域限制的组织接近和虚拟企业的成员池（Molina & Ponguta，1997），而在互联网虚拟产业集群内，产业集群的竞争优势已从地理集聚向基于互联网的较低交易成本和智力、知识与技术等资源有机整合与持续发展而转变。互联网虚拟产业集群的特征表现在三个方面：依托先进的互联网络和通信技术；突破地理范围限制，具有跨区域特征；通过围绕互联网产业的“组织接近”形式联结成群。

交易成本的节约是集群产生的重要动力，互联网虚拟集群形式的出现也不例外。它的存在必须以节约交易成本、提高效率为前提。要实现市场资源的有效配置就不得不考虑交易成本因素。传统集群中，地理临近企业交流频率高，从而大大降低信息不对称状况。集群内的企业，尤其是互补型企业，由于地理集中增加了互相之间的认同感，并且在频繁的交易过程中结成利益共同体，相互之间存在着地缘性的隐形契约关系，这使得交易的许多环节得以省略，从而降低契约成本。而在专业化分工的不断深入的背景下，产业链的迂回程度不断增强。生产的各个环节可以在更大的地理范围内以更加分散的方式进行。特定的地理区域已无法提供产业发展需要的所有要素。随着企业的进一步发展，需求逐渐从有形品转向服务产品，特别是诸如 IT 的专业性服务产品。瑞莱特和托雷（Rallet & Torre，1999）认为，由于先进的信息网络技术，通过网络，学习不再局限于地理区域，隐性知识也可通过组织邻近和认知邻近而穿越遥远的距离传播。而在技术与组织制度变革的支持下，不同地域的交易成本也逐渐下降。与地理集聚不同，基于互联网的虚拟产业集群中的企业可以利用自己的核心竞争力，依托互联网信息网络结合各方力量对外部资源进行整合，以期在全社会范围内实现要素的最优配置。另外，互联网虚拟集群内部的交易链接往往包括进行重复和相关交易的供需双方。基于互联网大数据平台，交易参与者是确定且可识别的，其直接好处是搜寻成本的降低。与单纯的市场化运作不同，这种基于交易链接的互动是“看得见”的。在每一项新的交易之前，各成员都可以通过内部信息网络便捷地对交易方进行考察，甚至可以根据相关指标对可能费用进行合理预期。互联网虚拟集聚的这种信息披露机制比地理集聚更加有效。

6.1.2 典型互联网虚拟集群创业分类

在互联网虚拟集群中，多个成员主体的创新活动同步或交叉进行，不同主体围绕创新进行互动和合作，在宏观层面表现出集群整体的创新现象。创业的本质是创新，是一种创造性破坏的过程，即通过对资源重新组合产生了新的产品和服务，使得企业得以发展和新企业得以产生（熊彼特，1934）。在互联网虚拟集群中，使得企业得以发展的企业创新创业行为和以个人创业形成的新企业得以产生行为往往也是同步或交叉进行的。因而本章也要分析互联网虚拟集群的新成员创业行为。

互联网虚拟产业集群的多个成员通过互联网信息技术相互连接，在创新过程中相互作用形成网络，不同类型的成员在网络中的作用不同，形成了以互联网为平台的创新结构。由于是虚拟集群，互联网平台成为此结构的枢纽，充分体现了虚拟的组织接近和协同作用，提供了必要的技术支撑和弱管理的职能，在遵循自组织机理的基础上引导成员的行为，促进协同创新和集群创业的生成。依据创业主体的差异化，本章将互联网虚拟产业集群创业概括为两类：一类是以个人创新创业为表现的淘宝村等新建电子商务虚拟集群；另一类是以企业创新创业为表现的传统产业集群电子商务化形成的互联网虚拟产业集群。

相较于传统产业集群，互联网虚拟集群在创业促进上存在以下三方面突出作用。

（1）促进中小企业创新创业。随着互联网虚拟产业集群的组建和运行，中小企业将大量涌现并成为“技术创新的主要源泉”。它们与大型企业相互间开展生产、经营、资本、技术多方面的协作，企业边界模糊化，从而构成一个个跨地区、跨国境的虚拟产业集群。较之工业时代“企业集团”中主干大企业与中小企业之间带有“主从”或等级制色彩的关系，互联网虚拟产业集群中各种规模企业的关系将成为更加平等的不同市场主体之间的关系。

（2）促进创业资源充分共享。在互联网虚拟产业集群中，企业之间的纵向关系不是依靠行政指令而是通过具体的经营目标和协同效应进行协调，其横向组织构架类同于“目标规划制”，也将更为弹性化。市场经济法则的作用在互联网虚拟产业集群之间及其成员之间得以充分发挥，通过互联网市场交易形式和新型的弹性松散联盟关系，使各类创业资源在企业群体内外合理配置和流动，以达到有效运用。

（3）创新创业竞争形式由“排他性”转为“排劣性”。互联网虚拟产业集群不排斥竞争，但与传统产业集群内由于信息传递低速及等级制中“非经济效应”导致的信息失真形成的“排他性”竞争不同，受互联网、信息技术和市场经济法则的共同作用，互联网虚拟产业集群的创新创业竞争形式将更趋于“排劣性”，并具有更为公平、公正和合理的社会文化及企业伦理基础。

6.2 淘宝村创业的探索性案例

6.2.1 淘宝村概况

根据阿里研究院定义，“淘宝村”是大量网商聚集在某个村落，以淘宝为主要交易平台，以淘宝电商生态系统为依托，形成规模和协同效应的网络商业群聚现象。

淘宝村的认定标准主要包括以下三条原则：

（1）交易场所：经营场所在农村地区，以行政村为单元；

（2）交易规模：电子商务交易额达到1 000万元以上；

（3）网商规模：本村活跃网店数量达到100家以上，或活跃网店数量达到当地家庭户数的10%以上。

一个镇、乡或街道符合淘宝村标准的行政村大于或等于3个，即为“淘宝镇”，这是在淘宝村基础上发展起来的一种更高层次的农村电子商务生态现象。

截至2016年8月底，在我国共发现1 311个淘宝村，广泛分布在18个省市区。其中，浙江（506个）、广东（262个）和江苏（201个）的淘宝村数量位居全国前三位。在全国共发现135个淘宝镇，其中，浙江（51个）、广东（32个）和江苏（17个）淘宝镇数量位居全国前三位。到2019年6月底，全国共有4 310个淘宝村、1 118个淘宝镇，广泛分布于25个省区市，其中浙江（1 573个）、广东（798个）和江苏（615个）的淘宝村数量位居全国前三位①。

除了数量规模上的发展，淘宝村还表现出了以下发展特点：

（1）产品创新。淘宝村网商通过分析消费需求、加强自主设计、寻找伙伴联合研发、采用新设备和新工艺等，提升品质和推出新产品。以2016年8月为节点，过去一年间，超过120种淘宝村新兴商品销售额快速增长。

（2）网商企业化。随着经营规模扩大，淘宝村部分网商往企业化方向发展，注册公司和商标，重视团队、品牌和客户服务。以企业身份注册的淘宝村网店超过5 100个，其中浙江的金华义乌和杭州余杭排名全国前五位。

（3）电商服务体系化。伴随网商发展壮大，网商们对电商服务的需求逐步规模化、多样化，推动电商服务从小到大、从单一到多样、从分散到集聚，逐步体系化升级。

（4）发展模式多元化。在发展初期，淘宝村以网络零售为主，现阶段呈现多元化发展态势，涌现出网络零售、网络批发、跨境电商、乡村旅游等多样模式。

6.2.2 杭州临安玉屏村

玉屏村，位于临安市清凉峰镇，因为位于山区，交通不便，导致该地人

① 数据来自阿里研究院网站公布的《2019年淘宝村名单》和《2016年淘宝村名单》。

流、物流、信息流并不通畅。因其有利的种植山核桃的自然环境，和山核桃具有极高的营养价值和独特的口感，所以整个村子基本都在种植山核桃。因此进入村子以后，并没有看到村子因为交通不便而呈现出破败的感觉，反而家家户户都盖着几层楼房，该有的家电也一应俱全。其经济发展的原因是，该村因地制宜，利用其优质山核桃，在电商平台进行销售，从而带动本村经济发展，久而久之，从事电子商务的人也慢慢多了起来，因此也形成了现在的“淘宝村”。

该村目前已有中通、申通、圆通、韵达、EMS 等快递公司。村内的淘宝商户已有二三十家，主要产品便是临安山核桃，其产品主要在国内销售。村内电商从业人员主要是 80 后，学历也大多都是高中学历。目前村内已有七家炒货厂。除了在村内开淘宝店的商户之外，也有很大一部分人在临安市里进行线上和线下山核桃的经营。

为了进一步摸清当地人淘宝创业的历程，我们抽取了当地两家起步较早的淘宝店铺创业者进行了访谈①。

被访谈者创业历程案例 1：姚女士，高中学历，36 岁，经营者一家五皇冠的淘宝店，在 2009 年初次接触淘宝电商。当时她刚生了孩子并且把孩子送去学校以后自己便没有事情做，所以受其丈夫的弟弟影响，听说淘宝经营简单、时间自由，所以自己便开始有了初步想法并付诸实施。当时的她以一台电脑和 6 000 元人民币左右，开始了一家以山核桃为主要产品的淘宝店。目前姚女士的淘宝店每年的销售额已达到 600 万元。在 2010 ~ 2011 年，姚女士逐渐开始带动自己身边的人开淘宝店。姚女士淘宝店的山核桃主要从村民那里收购，然后自己拿去村里的炒货厂进行加工。每年下半年销量大时，姚女士会雇佣村里人帮忙搬货、打包、发货，从而也增加了村民的收入。目前姚女士的淘宝店不仅卖山核桃，还有果蔬干等小零食。淘宝店的日渐发展，逐渐有了稳定的客户源，姚女士也开始在微信上卖山核桃和小零食，而且微信上的销量有时高于淘宝店的销量。姚女士目前微信上面的销售量主要来源于各个代理商，通过代理商增加山核桃的销量。据姚女士介绍，她的山核桃已经远销东北和新疆，还有一部分人出国时，会买一部分山核桃带走。姚女士

① 以下数据根据访谈所收集资料整理。

的淘宝店在玉屏村已经是淘宝示范店。当问及姚女士有无想法开阔国外市场时，姚女士表示虽然有这种想法，但自己还是想要寻求稳定的生活，做些"小而美"的生意。

被访谈者创业历程案例2：郑女士，36岁，高中学历，在玉屏村电商产品展示厅上班。该电商产品展示厅是村委与当地一个老板共同成立，该展示厅陈列着当地大部分山核桃品牌。展示厅利用的电商平台除了淘宝，还有丰收购。经常会有其他地方来玉屏村展示厅参观学习，相应的工作人员会带他们去其他农户家里参观，如需订购可从展示厅取得相关厂家的联系方式。郑女士自己家种山核桃，当季收下来山核桃之后自己联系炒货厂，进行包装，在微信和淘宝上面进行销售。郑女士主要在下半年做山核桃的销售，半年的销售额大概在500万元左右。郑女士平时和邻居聊天时也会鼓励周围人通过淘宝和微信销售山核桃，一来打发时间，二来取得一定收入。因为村子里每家每户都有山核桃，通过自己加工零售比将采摘的山核桃批发给他人的利润高很多，因此郑女士积极引导他们走电商之路。

除了村内开淘宝店的商户外，在发展初期，由于村内交通不便，没有快递等不利因素，所以很多人都选择在临安市里开店。但近几年，随着山核桃的销量越来越大，交通也越来越便利，村里的快递点也逐渐多了起来。村委也鼓励村民回村，带动村内经济发展，因此，越来越多的商户回到玉屏村。

6.2.3 台州坦头镇东陈村[①]

坦头镇位于天台县城东郊，距县城12公里，镇域面积83平方公里，下辖5个办事处、61个行政村，总人口4.6万人。作为工业重镇、外贸强镇，坦头镇不仅是中国汽车用品生产基地，也是中国汽车用品出口基地，素有"汽车用品名镇"和"木珠之乡"美称。其汽车用品、木珠制品等支柱产业均实现规模化生产。坦头镇区位优势突出，交通日趋便利。坦头镇东陈村主攻金恒德汽车用品城、苍山产业集聚区和汽车用品工业功能区建设，为更多

① 以下数据根据调研所收集资料整理。

汽车用品企业提供优质的产业平台和更广阔的发展空间。

近十年来，东陈村兴起了农村电子商务，电商的发展使整个村的汽车用品产业发展迅猛，带动了村里的经济收益，提高了村民的生活水平。

创业历程：2006 年，村子里一些年轻人外出打工认识了淘宝这个大的在线交易平台，并把在线上交易的这种方式引进了村子，从而渐渐形成家庭淘宝线上销售规模。东陈村的汽车用品商铺的经营者以年轻人为主，这些商铺最开始接触电子商务普遍是由于近几年电子商务迅猛发展普及，同时许多商铺本身就是生产方，于是从中看到了商机，将传统生产方式与新兴电商产业结合起来，与国内多个厂家进行合作。多数商家已经有 2 ~ 8 年的经营时间，商家通过淘宝、京东、苏宁易购等各大电商交易平台，将自己的产品销往国内各地，同时也有少量销往海外市场。目前整个村子大约有 900 多户家庭专门经营东陈村的汽车用品。淘宝网店为主的家庭大约占其中的 20%，目前全村网商年销售额已超 8 亿元，其中年销售额最大的家庭达 3 000 万元左右。目前村子已经形成集生产、销售、运输的汽车用品一条龙产业服务链。东陈村的汽车用品产业经过 3 次华丽转型，产品从单一走向多样化，从简单化走向高品质，从最初的木珠坐垫拓展到汽车用的各种坐垫、脚垫、椅套、车罩、方向盘套、遮阳挡及汽车生活休闲用品七大系列近千个品种，已成为天台县的 6 大支柱产业之一，产品销往全国各地。

东陈村的网商发展离不开政府的大力扶持，包括加快基础设施建设，解决硬件配套不全等问题，如天台投资 1 亿元加快坦头新镇区路网工程建设，同步推进 7 条道路建设，形成内通外畅的综合快速交通网。强化物流运输保障，吸引顺丰、四通一达（圆通、申通、中通、汇通、韵达）等 20 多家国内知名快递和物流运输公司进驻各镇街、行政村，建成“E 邮柜”20 个，破解农村电商物流“最后一公里”的问题。建设全国最大的汽车用品专业市场——金恒德中国汽车用品城，总投资 10 亿元，将最终建成 2 000 多个商铺、5 000 余个网上销售点，能提供汽车用品展示、采购、交易、电子商务等产购销一体化服务，汽车用品网商市场与实体市场齐头并进。

6.3 阿里系衍生创业企业的探索性案例[①]

6.3.1 阿里巴巴概况

1999年，以马云为代表的“十八罗汉”在杭州创立了阿里巴巴（Alibaba），初衷是“让天下没有难做的生意”，定位在全球批发贸易的网上市场。后来因为蔡崇信等人的加入，使得阿里巴巴真正规范化运作，并引入了高盛、软银等数家投资机构的融资，为后来获得更多的投资创造了条件。2005年，阿里巴巴收购了雅虎开启了投资这一扇大门。2014年9月，阿里巴巴集团在纽约证券交易所正式挂牌交易。阿里巴巴从为企业提供信息的平台开始，经过20年的发展，形成了一个将电商、导流、金融、本地生活、大健康、影视娱乐和智能终端融合在一起的商业业态。

6.3.2 阿里系衍生创业

杭州公开披露工作经历的创业者中，有78%的创业者曾在阿里巴巴工作[②]。阿里系的创业者能力较强，有经历有资本，方向也比较明确，构成了一个阿里的生态链基础。据虎嗅网统计显示，截止到2016年底，阿里系创业公司已达到618家，总估值超过了1万亿元[③]。根据数据库的收录，本部分整理了阿里系从2013～2016年期间的创业数据，其中包括已经消亡的创业企业。从表6－2的数据中，可以看到，阿里系在2015年创业企业同比增加最多，将近200%的增长率。这在很大程度上得益于阿里上市给员工带来的巨大财富以及员工股的逐步解禁，从阿里看到了机会，然后创业，阿

① 本案例根据调研所收集资料整理。

② 2016杭州创业生态白皮书。

③ 中国互联网创业派系盘点，https：//www.huxiu.com/article/139034/1.html？f=index_feed_article.

里股票则让他们“如虎添翼”，该效果延续到了2016年。在2016年，当杭州创业增长率趋于平稳状态时，阿里系的增长率比杭州市的增长率高出27个百分点。

表6－2　2013～2016年阿里系创业数量统计

年份	阿里系创业企业数量（家）	同比增长（%）	杭州创业公司数量占比（%）
2013	123	—	33.0
2014	159	29.3	45.1
2015	466	193.1	36.7
2016	618	32.6	5.8

资料来源：根据IT桔子数据库整理。

互联网以外的人直接进入互联网创业，成功率很低；而互联网领域出来的人创业，基本上都会选择互联网。他们会在这个行业利用相关资源、技术和人脉创业，极少会从头开始。这些企业有的发展迅速已经拿到了数千万元的投资；有的处于起步阶段，鲜为人知；有的成为老东家的合作伙伴；有的成为了前公司的竞争对手。不管如何，他们都是国内互联网创业大潮中的中坚力量。

已有的研究主要从个体、企业、行业、区域四个维度分析了影响员工离职创业的因素（Amit & Muller，1995）。阿里系电子商务衍生创业是员工离职创业决策的一种。因此本部分从个体、企业、行业、区域四个维度分析阿里系电子商务衍生创业的影响因素。通过QQ、微信等互联网途径向阿里系的企业团队核心成员或中高级管理人员发放开放式问项的问卷，共发放问卷202份，回收问卷166份，其中有效问卷127份，有效问卷回收率62.87%。通过对调查收集的问卷中被访者对开放问项的回答阐述进行文本编码分析，以确定阿里离职人员创业影响因素的大小（见表6－3）。如果在调查资料中相关题项有关的表述被高频率地表现出来，即存在强烈影响。反之，则相应的影响因素程度较弱。

表 6-3　　阿里系电子商务衍生创业影响因素编码结果

维度	影响因素	频率（%）	影响程度
	风险倾向	23	—
	风险感知	60	V
个体	个人特质	76	X
	创业动机	80	X
	社会资源	97	X
	企业文化	80	X
企业	企业限制	43	V
	企业薪酬支持	70	X
	电子商务特性	45	V
行业	电子商务发展	55	V
	政府支持电商政策	32	—
区域	创业集群	12	—

资料来源：根据问卷资料整理。其中，X 表示影响因素在组织中显然存在，V 表示有一些证据表明它的存在，—表示没有证据表明行为存在。

编码分析发现，在影响阿里系电子商务衍生创业的四个维度因素中，个体与企业对阿里创业人员的创业决策表现出频率最高，而行业与区域因素出现的频率不高。

6.3.2.1　个体因素

陈和格里奈（Chen & Greene，1998）认为创业者个体的压力承受能力、风险承担能力与一般管理者存在差异，是创业决策的重要影响因素。编码分析结果表明，个体因素是影响阿里系创业者的主要原因。其中创业动机出现的频率在个体因素中最高（80%），创业者风险倾向频率不高（23%），而风险感知较高（60%）。事实上，阿里离职创业者一般表示自己在创业决策时非常谨慎，其创业者风险倾向与其他员工无异，只是风险感知较低。在问卷资料中，他们都表示自己不安于现状，可见创业者往往有较高的成就需求。在问卷中创业者都提到了自己对机会的识别，其中阿里企业薪酬导致创业者拥有足够的启动资金与自己拥有一定知识、管理能力等社会资源起到重要的作用。创业者往往将衍生创业机会成本与自己的期望收益相比较，从而做出创业决策。

大卫德森（Davidsson，2015）研究指出，离职创业员工的创业机会识别能力、机会感知能力和创业效能感与员工在之前工作中积累的知识具有很大程度的关联。编码分析结果显示，个体的社会资源频度很高（97%），创业者个人特质频度较高（76%）。事实上，阿里集团的核心员工在阿里集团的工作中获得了管理、阿里运营模式和IT技术等方面知识，能够更好地将资源发掘、整合、利用，其离职所创立的电子商务衍生企业，某种程度上能够利用母公司原有的客户资源，分享客户市场，因此更加容易离职创业。

6.3.2.2 企业因素

社会影响理论指出，企业的管理制度和组织内部的文化能够影响员工离职创业。杨俊等人（2011）研究指出企业的技术复杂度以及创新投入程度影响员工离职，在那些技术复杂的企业里，员工的离职率更高。此外，企业的薪酬与员工的离职率之间的关系呈“U”型，当企业的薪酬水平过高时，一定程度上降低了员工离职创业的风险感知，会增加员工的离职倾向。

在企业维度方面编码分析得到的结果是，阿里企业文化频度最高（97%），企业薪酬支持频度较高（70%），企业限制频度较低（43%）。在阿里的公司文化中，注重个人的发展。在阿里业务中如销售、后台、客服等可以供员工选择，员工可以向HR申请更换部门，通过审核后能够参加内部招聘。这样员工能够从工作中担任多种职能的角色，从而获取各种资源，满足之后独自创业的需要。同时阿里企业文化令员工拥有一种使命感，同事之间互相称同学，跟随马云老师成为创业型团队，员工尊崇企业家精神和创新精神。这些因素潜移默化地影响着员工的创业决策。阿里巴巴作为一家高科技企业，在一些复杂的问题上面会促使员工思考，有时会产生技术性突破的想法，然而员工的一些想法有时得不到阿里企业高层的支持，被拒后容易产生离职创业倾向，去实践自己被企业拒绝的想法。另外，阿里的核心员工往往拥有高薪酬，特别是阿里巴巴正式在美国纽交所挂牌交易后，阿里的老员工能够直接获得股权，拥有足够的创业资金。

6.3.2.3 行业因素

电子商务创业是建立在互联网的基础上进行网络技术的发展。互联网通过信息交换代替实物交换，具有低成本的特点，较低的进入壁垒减轻了创业者的资源压力，从而加强了创业者创业的欲望（孙彬、王东，2018）。编码分析结果显示，行业因素中的电子商务发展频度最高（55%），电子商务特性频度较高（45%），电子商务行业政府支持频度较低（32%）。阿里系电子商务衍生创业正是有这种行业特性，从而影响着核心员工的离职创业。同时我国电子商务处于快速扩张的阶段，在行业环境下拥有政府的支持，鼓励以创业的形式代替就业，在政策中给创业者一定的税收优惠，有利于创业。

6.3.2.4 区域因素

在编码分析结果中，区域因素的频度最低（12%）。说明阿里系电子商务衍生创业受到区域影响，但程度较低。2016 年，杭州市政府制定了《杭州市电子商务发展“十三五”规划》，其中有超过 50% 的电子商务项目。杭州拥有电子商务创业集群，导致创业者资源变得更加容易得到，增加了离职创业的倾向。但由于中国近几年对促进电子商务发展的力度较大，且电子商务创业很好地避免了地理区域的限制，所以区域因素对离职创业的影响程度并不是特别大。

6.4 本章小结

本部分基于当前蓬勃发展的互联网产业，初步探讨了虚拟产业集群的创业行为及其在集群网络上的传导。对互联网虚拟集群与传统产业集群进行了对比分析，刻画了互联网虚拟产业集群的三个典型特征：依托先进的互联网络和通信技术；突破地理范围限制，具有跨区域特征；通过围绕互联网产业的“组织接近”形式联结成群。依据创业主体的差异化，本章将互联网虚拟产业集群创业概括为两类：一类是以个人创新创业为表现的淘宝村等新建电子商务虚拟集群；另一类是以企业创新创业为表现的传统产业集群电子商务化形成的互联网虚拟产业集群。后续章节将围绕淘宝村等农村电子商务创业的虚拟集群和基于阿里巴巴衍生创业的虚拟集群进行创业影响的实证研究。

第 7 章

基于互联网的农村电子商务虚拟集群创业网络演化研究

7.1 农村电子商务虚拟集群概况

电子商务虚拟集群是由一系列把互联网作为竞争、沟通平台的消费者、供应商、制造商、分销商和其他战略伙伴组成的，利用网络技术克服“位置”因素相关的产业集群创新壁垒的新型产业集群（Michael，2014）。在中国，部分村镇专业市场中的那些接受新知识能力较强的经营者为了减少流通环节和降低成本，开始改变其传统销售方式而选择网络销售。村内其他人看到其经济效益后开始进行简单的模仿，由此形成电商专业村（刁贝娣等，2017）。淘宝村就是一种典型的电商专业村。根据阿里研究院的定义，“淘宝村”是大量网商聚集在某个村落，以淘宝为主要交易平台，以淘宝电商生态系统为依托，形成规模和协同效应的网络商业群聚现象①。到2019年6月底，全国共有4 310个淘宝村、1 118个淘宝镇，广泛分布于25个省区市，其中浙江（1 573个）、广东（798个）和江苏（615个）的淘宝村数量位居全国前三位②。农村网民的剧增、农村电商带头人的出现、网店创业较低的门槛、物流的快速发展等因素驱动了淘宝村人的电商创业；而电商创业的财富效应、

① 其认定标准主要包括：经营场所在农村地区，以行政村为单元；电子商务交易额达到1 000万元以上；本村活跃网店数量达到100家以上，或活跃网店数量达到当地家庭户数的10%以上。一个镇、乡或街道符合淘宝村标准的行政村大于或等于3个，即为“淘宝镇”。

② 数据来自阿里研究院网站公布的《2019年淘宝村名单》和《2016年淘宝村名单》。

农村紧密的人际网络、地缘的相似产业基础等因素则驱动了这种电子商务创业扩散，促进了电子商务虚拟集群的形成。已有的研究表明，集群内松散的网络关系与结构为创新提供了崭新的活动环境（Ulrich & Frank，1999），基于互联网平台的动态的多重网络关系使得创新及模仿更易发生（Joyce & Winch，2005）。同时，农村电子商务集群是一个基于熟人关系的社会网络结构（郑风田、程郁，2006）。因此，其创业及创业网络具有特殊性（Ye Zheng & Jiang le，2018）。创业网络是创业者在新创企业时与外部发生各种关联的集合，其同时也是影响创业成功的关键因素。创业是由关系推进的一个社会过程（Bell，2005），创业的各阶段都会受到社会网络的影响（Witt，2004）。淘宝村现有的一些典型案例研究表明，个性特征会使某些人更容易成为创业者，但也可能是与周围亲朋的模仿和竞争心理促使其更可能成为创业者。因此，区域内创业示范效应和对区域内潜在创业家的模仿与跟随是淘宝村创业网络发展的关键因素。刘杰和郑风田（2011）基于沙集淘宝村的研究表明，创业活动的开展离不开其所处的社会网络，而社会网络对潜在创业家的帮助主要是从识别创业机会和动员资源两个方面实现的。针对产业集群的研究表明，集群的网络结构和关系等特征差异对企业的创业认知、机会获取和资源整合等创业能力有特定的影响，从而影响企业创业行为。创业机会的有效识别是开展创业活动的前提和基础，而创业者的关系网络对机会识别非常重要。斯科特等人（Scott et al.，2000）研究发现，并非所有人都能均等地识别创业机会，创业机会的识别与其所拥有的先前经验和个人网络有关。中国农村地区特有的熟人网络在帮助农民创业家识别创业机会方面发挥着重要作用。农村熟人社会对创业家形成有着明显的促进作用，个人网络通过帮助潜在创业家识别创业机会，促进其转变为实际创业家。村落内创业榜样越多，潜在创业家识别创业机会的可能性就越大（蒋剑勇、钱文荣、郭红东，2014）。淘宝村原有的农村资源、产业基础，以及我国大力发展的通信、互联网与物流基础设施等条件是线下订单高效组织的资源基础，为基于互联网的创业创造了有利条件。例如临安作为山核桃产地，聚集了大量的坚果炒货企业，为淘宝村内电商们提供了供货的便利条件；而淘宝村依托各大电商平台开展网销活动，线上完备的支付系统、诚信体系、电商网络培训学院和多元化的电商服务大大优化了网络商业环境，是聚集客源、提高网商服务与业务能力的资源基础。创业者对资源的配置和利用即创业资源整合，对创业同样有重要影响。在互联网经济下，调动社会各界资源进行整合优化，从技术、知识到平台和商业基础设施上实现从供给侧到需求侧间共享资源，形成了共享经济的新商业新模式。对于淘宝村来说，物流的各村级服务点和电商服务中心、农产品企业和物流企业等行动主体就实现了场地空间和政策等资源整合与共享，为淘宝村创业群体的资源整合能力提供了基础。例如阿里巴巴集团为每个“村淘”服务站统一配置电脑、电视等设备，实时显示淘宝网上商品的价格及优惠动态等。通过农村淘宝服务中心，推动项目在基础设施、物流通路、发展环境等方面的建设，实现带动本土企业向电子商务领域拓展。

因此，从创业网络演化的视角对淘宝村进行研究具有非常重要的理论和现实意义。创业网络在淘宝村的形成过程是如何起作用的？网络的哪些特征推进了淘宝村的发展？以往的研究更多的是基于扎根理论的数据编码对典型案例进行分析，本研究通过处理创业者及其他参与主体的创业网络关系数据，采用社会网络分析方法及其软件 Gephi 将创业网络结构可视化，分析创业网络演化及其特征。

7.2 研究设计

7.2.1 案例选择

根据阿里研究院公布的 2016 年中国淘宝村数量排名前十的城市名单，浙江省杭州市作为排名第六的城市，共有淘宝村 65 个，而临安一地就有淘宝村 22 个，临安也连续三年获得“中国电子商务百佳县”。因此，本章选择杭州临安的农产品淘宝村作为典型案例，在 2016 年 11 月至 2017 年 9 月间进行了多次调研，收集了相关分析数据。

临安淘宝村的主要产品是山核桃等坚果炒货，2016 年网销额 3.5 亿元。从 2007 年的第一家开始，几年内淘宝店从 5 家增加到 67 家，涌现出了一批农村创业标杆和规模网店，农村电商从业人员 400 余人。淘宝村的网店大多是从以亲带亲，邻居之间相互帮助的模式发展起来的。2007 年以来，白牛村

“山里福娃”“文文山核桃”“洪斌山核桃”“逸口香”等网店先后成功创业，为邻近的玉屏村、新都村等提供了成功的范例，淘宝村范围进一步扩大。由此我们发现，中国农村是一个熟人社会，农村居民处于一个高度交织的社会网络之中，他们与存在亲缘、友缘、地缘和业缘关系的人打交道的频率高，使得信息传播速度快，好的创业项目极容易扩散（见表7-1和表7-2）。

表7-1　临安淘宝村电子商务发展初期店铺负责人相互关系

店铺名称	成立时间	负责人	创业影响人
山里福娃	2007年	潘小忠、邵洁	
文文山核桃（后改名山货之乡）	2007年	许兴	邵洁
逸口香	2007年	汪超	许兴、邵洁
洪斌山核桃	2007年	戴云洪	潘小忠、许兴

资料来源：根据访谈记录整理。

表7-2　临安淘宝村部分创业者访谈要点记录

店铺名称	创业者	学历	成立时间	2016年销售额	创业动机	创业资源	创业影响
琪琪小阁	姚女士	高中	2009年	600万元	经营简单、时间自由	一台电脑和6 000元人民币	丈夫的弟弟
山里小郑	郑女士	高中	2010年	下半年销售，500万元	利用玉屏村电商产品展示厅的客源	自家种植山核桃、便捷客源	电商展示厅人员

资料来源：根据访谈记录整理。

7.2.2 研究方法

整体社会网络分析是以社会网络中所有行动者为研究对象，分析所有行动对象间的相互关联性。本章在研究创业网络演化中关注的是创业企业社会网络的整体网络结构和关系特性，采用社会网络分析方法和Gephi软件，将创业者及其创业网络关系数据进行网络可视化，进行定量和定性分析。Gephi作为常用的几种网络分析和可视化软件之一，其数据可视化效果较好，而且支持超过5万个点的复杂条件动态实时过滤，并支持多种输入格式，能很好地支持动态图数据分析、数据中心性分析和聚类分析（刘鹏、李先贤、王利娥，2015）。

7.2.3 数据处理

基于社会网络分析需要，本章主要以关键企业（网店）和创业网络关系作为分析单元进行数据收集。关键企业（网店）数据包括网店名称、注册时间、2016 年度销售额信息（见表 7－3 和表 7－4），主要来源于实地调研中当地政府部门提供的资料，并通过淘宝网店数据针对来源地抓取进行补充。创业网络关系数据主要通过实地调研中的提名法进行获取，即要求被访谈的网店负责人在该区域网店中提名 1～3 个对其最具创业影响的网店，对提名的 1～3 家网店不作重要性排序。在此基础上进行编码处理，用网店名称拼音的首字母来编码网店名，将创业网络关系数据进行录入，从而构成创业网络。

表 7－3　　临安淘宝村 2016 年淘宝店销售额前 20 家店铺情况

排名	名称	销售额（元）	排名	名称	销售额（元）
1	YKX	12 012 512	11	SQSM	115 918
2	SLFW	7 800 000	12	XXXC	88 183
3	XNG	2 882 989	13	GGY	66 983
4	HB	2 354 491	14	FDG	64 960
5	RJ	675 774	15	SPPF	56 470
6	FJ	523 580	16	KKXZ	53 683
7	XLJ	484 425	17	BQL	48 452
8	BZW	48 2399	18	DF	37 616
9	XSN	291 495	19	TG	31 985
10	YY	194 353	20	MYW	30 740

资料来源：临安市商务局及淘宝网数据抓取。

表 7－4　　2016 年临安淘宝村网销情况

年销售额	3 000 万元以上	2 000 万元以上	1 000 万元以上	500 万元以上
数量	1	3	2	12

资料来源：临安市商务局。

7.3 网络可视化

通过关系数据，在节点层面对网络属性进行统计分析，并借助不同的布局算法，对网络进行可视化处理，从而有利于直观地分析节点关系。通过 Gephi 软件输出不同年份的创业网络图。图 7－1 显示了 2007 年临安淘宝村首家淘宝店成立至 2016 年底间的淘宝村的创业网络演化过程。其中圆点大小反

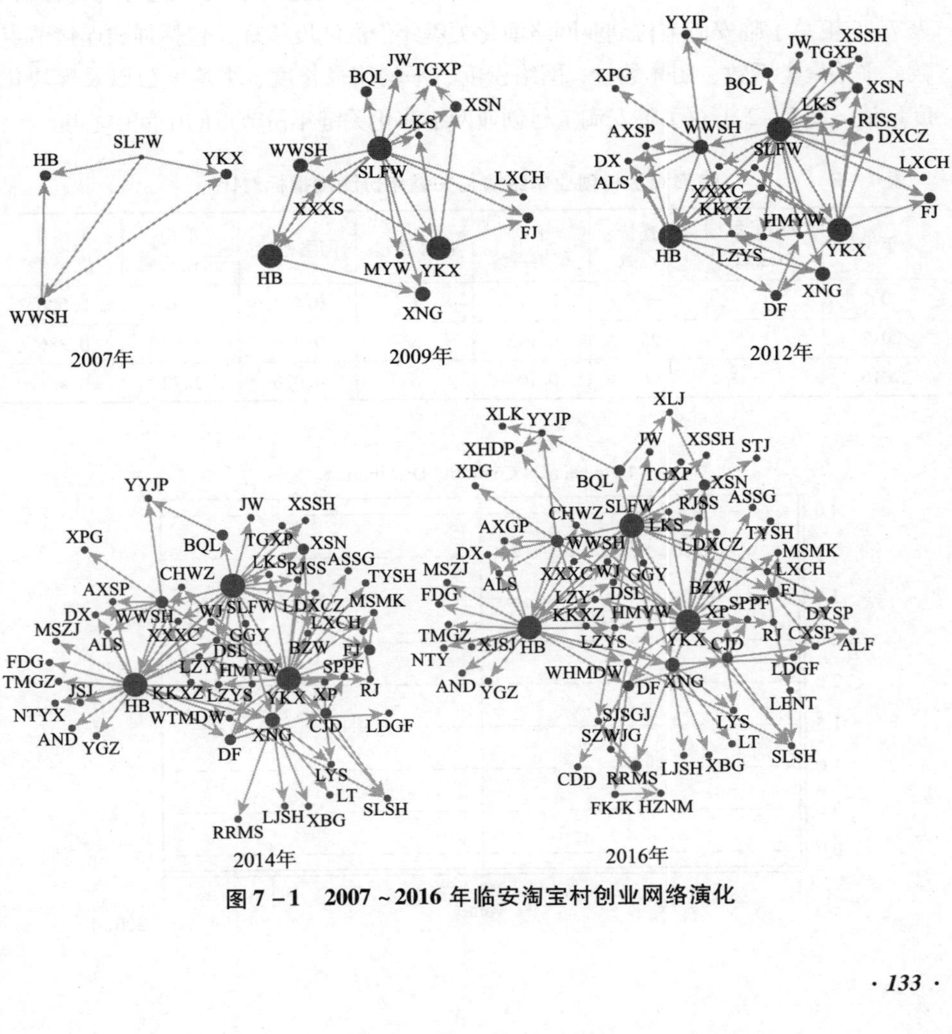

图 7－1　2007～2016 年临安淘宝村创业网络演化

映了网店销售额；箭头指向表明创业传导走向，如箭头从“SLFW”指向“HB”说明“HB”受“SLFW”影响而创业。从圆点数量上看，2009 年、2012 年、2014 年底临安淘宝村的创业网络中的网店数量分别约为 2016 年底的 20%、40%、80%。

7.4 网络演化分析

本章主要通过 Gephi 生成的测度指标对淘宝村创业网络演化进行定量分析。表 7－5 汇总了临安淘宝村创业网络演化关键年份的测度指标，包括强弱连接节点数、平均聚类系数、团体数量、网络密度、平均路径长度、平均度数以及模块化度量值。图 7－2 汇总了临安淘宝村创业网络演化关键年份节点的中间中心度。

表 7－5　临安淘宝村创业网络演化关键年份测度指标对比

年份	弱连接节点数	强连接节点数	平均聚类系数	团体数量	网络密度	平均路径长度	模块化度量值
2007	1	4	0.417	1	0.417	1.0	0.000
2012	1	25	0.142	5	0.073	1.62	0.336
2016	1	66	0.106	6	0.026	1.72	0.451

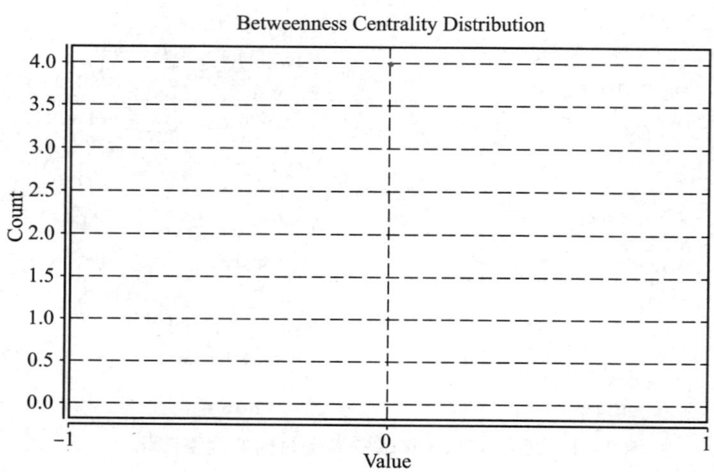

2007年

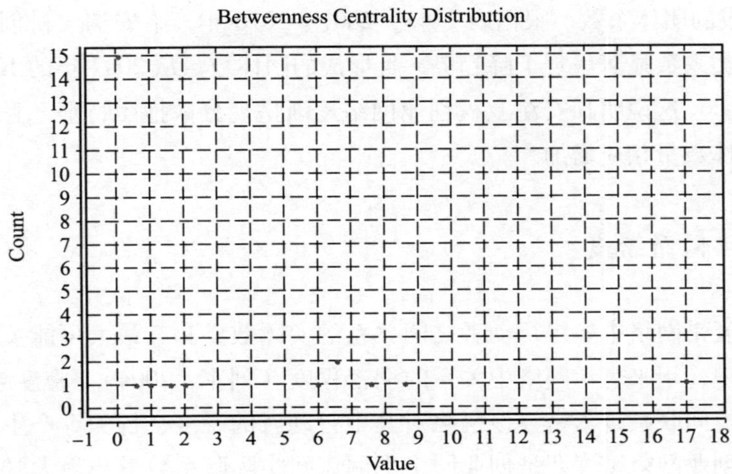

2012年

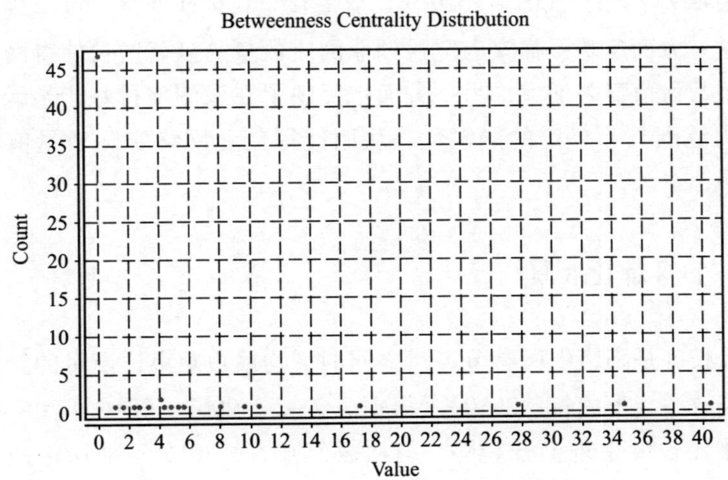

2016年

图 7－2　关键年份节点的中间中心度分布

注：本图由 Gephi 软件直接输出，其中“Betweenness Centrality Distribution”指中间中心度分布，“count”指网店数量，“value”指中间中心度的数值大小。

7.4.1　平均聚类系数

平均聚类系数是网络中所有节点的聚类系数的平均值，它反映某网络整体的“抱团”特性（罗家德，2010）。团体数量则进一步反映了该网络最终

"抱团"形成的团体个数。根据表7－5，2007～2016年，临安淘宝村创业网络的平均聚类系数显著呈现下降趋势，且形成的团体数量从2007年的1个显著上升为6个。这说明临安淘宝村创业网络逐渐呈现分散抱团特征，且形成的创业小团体数量相应增加。

7.4.2 网络密度

网络密度是网络中一组行动者之间关系的实际数量和其最大可能关系数量之间的比率，用来表示网络中关系的稠密程度（刘军，2004）。密度越大，表明网络成员间联系越紧密，该网络对其中行动者的态度、行为等产生的影响就越大。创业网络密度即是创业网络中网店间实际联系数量与最大联系数量的比率。根据表7－5，2007～2016年，临安淘宝村创业网络密度呈现显著下降趋势。这一方面反映了临安淘宝村创业网店数量的显著增长使得网店间最大可能关系数量值显著增大，另一方面也反映了在该淘宝村基于亲缘、熟人网络的影响范围具有一定的局限性，从而使得创业网络实际数量值增加有限。

7.4.3 平均路径长度

平均路径长度是网络中所有节点对之间的平均最短距离，衡量的是网络的传输性能与效率（罗家德，2010）。根据表7－5，2007～2016年淘宝村创业网络平均路径长度呈现上升趋势。但从数值来看，2016年平均路径长度1.72，说明临安淘宝村创业网络的传输性能与效率较高。

7.4.4 模块化度量值

模块化度量值（模块度）用来衡量网络社区结构强度（斯科特，2007）。其大小主要取决于网络中结点的社区分配，即网络的社区划分情况，值越接近1，表示网络划分出的社区结构的强度越强，也就是划分质量越好。根据表7－5，临安淘宝村创业网络的模块度从2007年的0增加到2016年的

0.451，说明创业网络社区结构强度增强，划分质量优化。

7.4.5 中间中心度

中间中心度（betweenness centrality）是行动者对资源控制的程度，测量的是该点在多大程度上控制他人之间的交往（罗家德，2010）。该值为0，意味着该点不能控制任何行动者，处于网络边缘；值越大则说明对他人有越强的控制力，该点是处于网络的核心，拥有很大的权力（刘军，2004）。根据图7-2，在2007年、2012年、2016年三个关键年份，临安淘宝村分别有4家、15家、48家网店的中间中心度为0，他们对创业网络的其他网店没有控制力，处于创业网络边缘；分别有0家、9家、14家网店的中间中心度介于0~10之间，他们对创业网络的其他网店有较弱的控制力；分别有0家、1家、1家网店的中间中心度介于10~20之间，他们对创业网络的其他网店有较强的控制力；而直到2016年，才出现了3家中间中心度大于20的网店，他们对创业网络的其他网店有极强的控制力，是网络的核心，拥有很大的权力。

7.4.6 出度与入度

本章的创业网络是有向图，箭头指向表明网店间创业传导的指向。因此，点的出度（out-degree）是某点作为图中边的出发点的次数和，入度（in-degree）是以终止于该点的边的数目。在临安淘宝村创业网络中，某网店的出度即表示其对本地创业网络中产生创业影响的网店数量，某网点的入度即表示对该网店有创业影响的网店数量。根据表7-6和图7-3，2007年，各有1家网店出度为3和2，说明这两家网店是创业网络的初始行动者，对当地其他网店产生创业影响。2012年，有5家网店的出度大于3，说明这5家网店分别对当地3家以上网店有创业影响；有6家网店的出度介于1至3之间，说明这6家网店分别对当地1~3家的网店有创业影响。2016年，有3家网店的出度极高（值为19、20），对当地19~20家其他网店有创业影响，他们就是当地典型的师傅网店，影响了当地众多数量的创业网店；而有多达 17 余家的网店分别对当地 1 ~ 9 家网店的创业有影响。根据表 7 – 6 可得，2007 年，有 2 家网店的入度为 2，说明其创业受当地 2 家网店影响；有 1 家网店入度为 1，说明其创业受当地 1 家网店影响。2012 年，有 20 家网店的入度为 2，说明这 20 家网店的创业分别受当地 2 家网店影响；有 4 家网店入度为 1，他们的创业分别受到当地 1 家网店的影响。2016 年，有 30 家网店的入度不为 0，说明这些网店的创业都受到当地至少 1 家网店的影响（有部分受到 3 ~ 4 家网店的创业影响）；只有 1 家网店没有受到当地其他网店的影响而创业。

表 7 – 6　　　　关键年份节点的入度统计

年份	0	1	2	3	4
2007	2	0	1	1	0
2012	1	4	20	0	0
2016	1	25	35	4	1

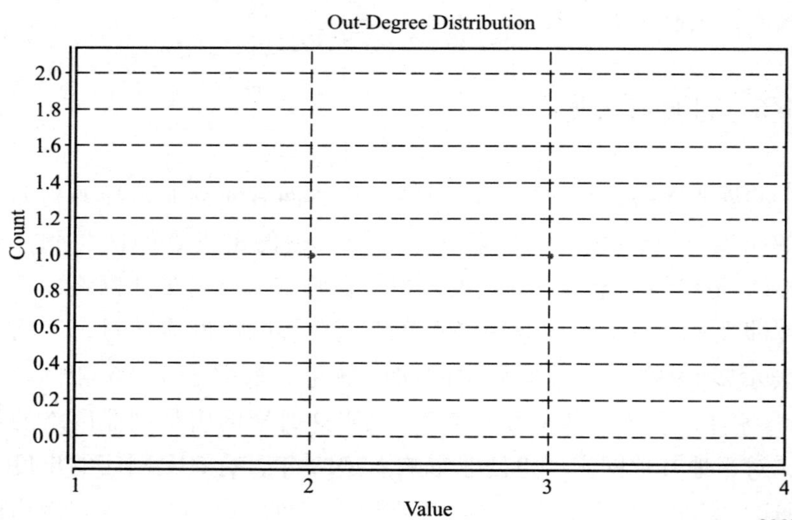

2007年

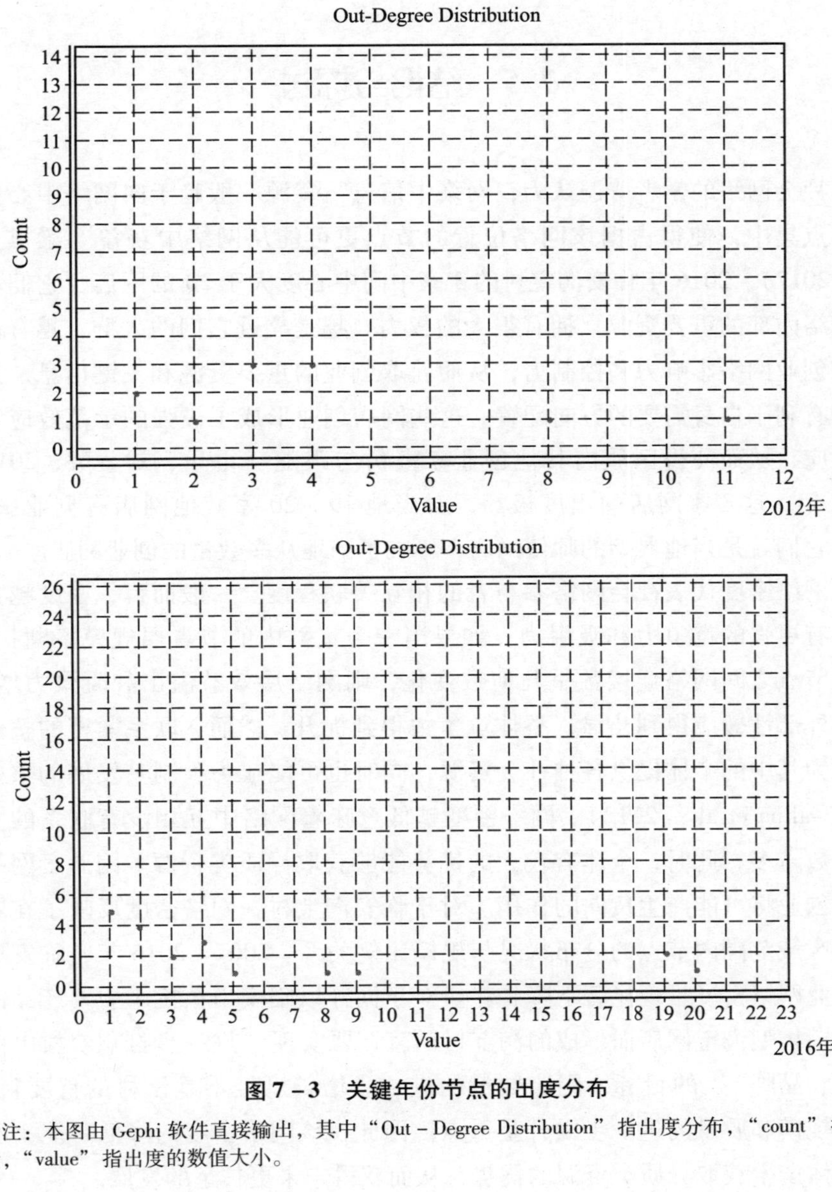

图 7-3　关键年份节点的出度分布

注：本图由 Gephi 软件直接输出，其中“Out - Degree Distribution”指出度分布，“count”指网店数量，“value”指出度的数值大小。

7.5 结论与探讨

社会网络的学者普遍认为，网络中信息与资源一般趋于向网络中心度高的节点集中，使得占据该网络位置的节点更可能从网络中获益（梁祺、张纯，2017）。2016年临安淘宝村的3家中间中心度大于20的网店，它们掌握了网络内部的重要资源，拥有很大的权力。越是靠近它们的人群，越有机会利用创业网络影响力和控制力，从而获取创业的重要资源和关键信息，并使之朝有利于自身需要的方向配置。这些网店创业形成了极强的示范效应和外部效应，从而使得区域内其他创业家模仿与跟随（雷兵、刘蒙蒙，2017）。2016年，这3家网店的出度极高，对当地19～20家其他网店有创业影响，可见它们就是当地典型的师傅网店，影响了当地众多数量的创业网店。

网络密度代表社会网络参与者的相互关联程度。一般而言，密度越大代表具有更强的竞争力和吸引力。如果当一个集群内的节点层规模不断扩大，同时节点之间网络连接数呈几何数变化，则网络层效益溢出和凝聚力增加，网络外部性效应得到凸显，整体竞争力得到提升。然而，联系紧密的整体网不仅为其中的个体提供各种社会资源，同时也可能成为限制其发展的重要力量（Galina et al.，2012）。网络密度越低意味着网络中互相没有联系的关系人对数越多，此时，个体有较大的优势能够获取异质类资源。因此，网络密度对创业将可能产生负向的作用。对于临安淘宝村，网络密度反映了在农村一定区域范围内节点的分布状况与规模比例关系。2007～2016年，临安淘宝村创业网络密度呈现显著下降趋势。对于同样以临安山核桃为主要产品的坚果类销售型淘宝网店而形成的淘宝村而言，要实现“进一步打响农村电商知名度和品牌”[①] 的目标，网店数量的进一步增长已经不是该村的首要目标，网店规模和质量的进一步提升是重点。因此，该网络密度的降低可能更有利于个体产生获取异质类资源的优势，从而获得未来更长远的发展。

网络关系强度表征了网络成员关系品质。对于临安淘宝村创业网店而言，

① 临安市商务局：《2016年临安市电子商务工作总结和2017年工作思路（2017年1月）》。

在创业者创业机会识别过程中，总是会优先向有密切关系和深厚感情的已创业网店主进行咨询，因此，在创业机会选择上，关系强度非常重要。2007年、2012 年、2016 年，临安淘宝村的强关系网店分别为 4 家、25 家和 66 家，呈现了典型的“熟人网络”创业传导关系，这对于临安淘宝村的快速发展具有重要作用。

模块化度量值、平均路径长度、平均聚类系数等来衡量创业网络的具体差异性。2007 ~ 2016 年，临安淘宝村创业网络逐渐呈现分散抱团特征，且形成的创业小团体数量相应增加。临安淘宝村创业网络的模块度从 0 增加到 0.451，说明创业网络社区结构强度增强，划分质量优化。淘宝村网店主体一般规模较小，抗市场风险能力较弱，网销活动的开展不仅需要物流、金融、运营和行业协会等电商外包服务支持，还需要与产业链上下游企业之间的合作，因此，节点之间抱团发展与分工合作是淘宝村高效开展电商的必然选择。同时，这种社区结构的增强使得网络内部出现典型社区差异化，从而使不同社区个体产生异质知识的机会随之增加，将有助于扩展认知边界，通过另类的启发性思路，推进对现有资源重新整合定位，从而进一步完善发展。淘宝村创业网络平均路径长度呈现上升趋势，说明临安淘宝村创业网络的传输性能与效率提升，将对其进一步发展产生积极的作用。

7.6 本章小结

本章选择了典型淘宝村进行调研，在此基础上围绕基于互联网的淘宝村等农村电子商务创业的虚拟集群进行创业网络演化研究。首先从农村电子商务发展的背景与现状入手，分析了农村电子商务虚拟集群发展的特点；在对临安淘宝村进行多次调研的基础上，采用社会网络分析方法和 Gephi 软件，将创业者及其创业网络关系数据进行网络可视化，进行定量和定性分析；探讨了强弱连接节点数、平均聚类系数、团体数量、网络密度、平均路径长度、平均度数以及模块化度量值等网络指标的特征，并以此揭示了农村电子商务虚拟集群的创业网络演化。

第 8 章

电子商务虚拟集群创业影响实证

8.1 发展概况

基于互联网的电子商务虚拟集群按照业务模式形成 B2B 和 C2C 两类。本章所研究的 B2B（business to business）指商家与商家建立的电子商务，在本章研究中指基于阿里巴巴平台的 B2B 业务。在产业转型升级、互联网发展的大趋势下，虚拟产业集群得到了新一轮的快速发展。

相较于传统产业集群，基于互联网发展衍生出的虚拟产业集群表现出了先进的信息网络技术、创新驱动知识转移（Elisa，Ilaria & Fabrizio，2013）、跨区域合作和柔性契约等特点，同时也形成了新的创新创业模式。由株洲棉麻纺织服装产业集群入驻阿里巴巴“1688 在线产业带”辐射出了醴陵陶瓷产业集群、株洲铅锌硬质合金深加工等传统产业集群的互联网化创新形成株洲产业带虚拟产业集群。浙江安吉家具产业集群电商化形成的家具虚拟产业集群。由此可见，传统产业集群依托在互联网平台上的创新创业发展又形成了虚拟产业集群（Elisa，Ilaria，Fabrizio，2013；高长元和王京，2014），开放的互联网减少集群经济对有限地理位置的依赖，在一定程度上克服锁定（lock-in）效应和路径依赖（path dependence）问题（Thor & Sylvie，2013），实现更广泛层面的创新经济和新的竞争优势。虚拟产业集群是对基于地理的产业集群的一种补充（Elisa，Ilaria & Fabrizio，2013）。

有别于传统集群创业中的地方裂变和产业链上下游合作关系拓展等形式，事实上，基于互联网平台的虚拟产业集群不再拘泥于围绕某个单一的行业而实现上下游企业关联，而是在互联网平台上，电子商务企业以及围绕其业务开展的各类制造、配套、服务企业的有机整合。因此，基于互联网平台的B2B型虚拟产业集群的创业及其影响因素具有特殊性，这需要理论界予以深入研究。

8.2 研究假设

8.2.1 创业网络特征与企业创业行为的关系

根据朱秀梅和李明芳（2011）、赵炎和孟庆时（2014）等人对于创业网络的定义，本章将虚拟集群创业网络定义为虚拟集群中的创业主体在创业活动的过程中所建立和参与的网络。创业网络与企业创业行为的产生相辅相成。由于企业在创业起步阶段具有“新”和“小”的特点，往往会处于信息不对称、资源匮乏和信任水平低的困境，为了企业的生存和发展，创业者通常通过构建和利用创业网络获取资金、知识和人才等资源（朱秀梅、李明芳，2011）。创业网络的建立和维护对企业创新创业具有重大意义，是影响企业创业行为的关键因素之一（张婷，2012）。

8.2.1.1 网络规模对创业行为的影响

网络规模反映了新企业所有直接间接联系的数量，网络规模的大小指创业者可获取外部资源的多少。初创阶段的企业通常经验不足，需通过不同渠道进行创业学习，获取资源（朱秀梅和李明芳，2011）。创业网络中的企业能够直接或间接地从网络合作方获得创新资源，如技术知识、专利授权或互补资源。一般而言，网络规模增大有助于提高企业网络接入水平、评价能力和异性创新资源的增多（赵炎和郑向杰，2013）。因此，创业网络规模越大，内部成员类型差异化越大，他们可以相互提供更多创新和投资的信息和资源。基于此，提出如下假设：

假设1a：创业网络规模对企业创新有显著的正向影响。

假设1b：创业网络规模对企业风险投资有显著的正向影响。

8.2.1.2 网络强度对企业创业行为

网络强度反映的是网络群体的凝聚力程度。群体内部知识和信息资源的相似度高，通过强关系获得的信息资源通常是重复的，会降低资源的有效性。不同的信息源往往来源于弱关系，通过弱关系的连接作用可将不同的信息资源传递到关联的群体中，这些企业更能够发挥信息和资源优势，更有利于创新（Bell，2005）。即便如此，由于创业者缺少初始运营的经验，依靠家庭和朋友所构成的强关系网络相对更多，弱关系获取的资源较有限，所以强关系仍然是个体间信息资源传递的重要方式。强关系间的信任和稳定的合作能够提供复杂的、高质量的或隐性的知识，并在企业投资中发挥积极作用（叶峥和郑健壮，2014）。因此，网络强度越大，创业者与其社会网络成员越密切，信任水平越高，可以充分利用网络内信息价值，达到知识共享，并获得更多的业务支持，降低风险性，为创业企业的生存和发展提供强大的保障（Witt，2004）。基于此，提出如下假设：

假设2a：创业网络强度对企业创新有显著的正向影响。

假设2b：创业网络强度对企业风险投资有显著的正向影响。

8.2.1.3 网络多样性对企业创业行为

网络多样性指网络内创业企业的差异化程度。一个创业网络的建立和发展，必定会经历网络多样性从低到高的过程（黄玮强等，2012）。网络内多样化的信息渠道和多样化资源能够提高企业的创新、风险投资的效率和质量（Bell，2005）。网络的多样性给企业提供了更大的空间和范围，从而使企业获得更多样的资源（陈立勇等，2016）。在创业网络中，相同类型的创业网络成员通常具有相似的知识基础，同质化现象严重，只有接触不同类型的群体才能积累更多的异质性知识。网络业务多元化程度越高的企业越容易构建多样化的知识库，有利于对企业创新的实现（Witt，2014）。基于此，提出如下假设：

假设3a：创业网络多样性对企业创新有显著的正向影响。

假设3b：创业网络多样性对企业风险投资有显著的正向影响。

8.2.2 创业网络特征与虚拟集群的关系

随着互联网及信息技术的迅速发展，打破地域特点而形成的虚拟集群，超越了传统产业集群使得企业间产生了一种以“组织邻近”为特征的、更为紧密的结构（赵炎和孟庆时，2014）。企业以虚拟集群为载体更加强了彼此的关系，网络嵌入性和企业间信任度高，提高彼此的信息、资源的流入和流出的效率，为知识共享和合作提供基础，促进知识溢出和资源内部化（高长元和王京，2014；Thor & Sylvie，2013）。基于此，提出如下假设：

假设4a：创业网络规模对虚拟集群有显著的正向影响。

假设4b：创业网络强度对虚拟集群有显著的正向影响。

假设4c：创业网络多样性对虚拟集群有显著的正向影响。

8.2.3 虚拟集群与企业创业行为的关系

赵炎、孟庆时（2014）通过高科技企业创新网络研究发现，网络内企业比网络外的企业创新能力更高。即企业形成规模更小、联系更紧密的网络会极大促进企业的创业活动开展。虚拟集群的内外关系都会影响企业的创新行为（Avgerou & Li，2013）。当虚拟集群处于萌芽和快速发展阶段，企业处于相互磨合时期，此时彼此间的信任是关键。增加虚拟集群内部联结紧密性可以使企业间有更深入的合作，企业间的凝聚力也会大大提高。同时虚拟集群会促进企业之间的技术和信息交流，资源互补，提高企业的创新能力，促进组织的良性演变（David，2012）。虚拟集群内部密集程度的增加强化了合作，减少了投机行为和信息传播的瓶颈，企业的凝聚力增强，促进了企业对外部知识资源的吸收和企业间的技术交流、知识转移（张树臣和高长元，2013）。虚拟集群的集聚性和连通性使得内部企业比外部企业具有更高的创新能力和风险投资能力，促进企业的知识共享和合作创新（赵炎、郑向杰，2013）。基于此，提出如下假设：

假设5a：虚拟集群对企业创新有显著的正向影响。

假设5b：虚拟集群对企业风险投资有显著的正向影响。

8.3 变量测量

在上述理论分析基础上，形成本章的概念模型（见图8－1）。其中，创业企业的创业行为是被解释变量，创业网络特征是解释变量，虚拟集群是中介变量。大部分测量题项来自现有的成熟量表，采用Likert5点记分，由“1”～“5”的分值表示完全不同意到完全同意的程度。

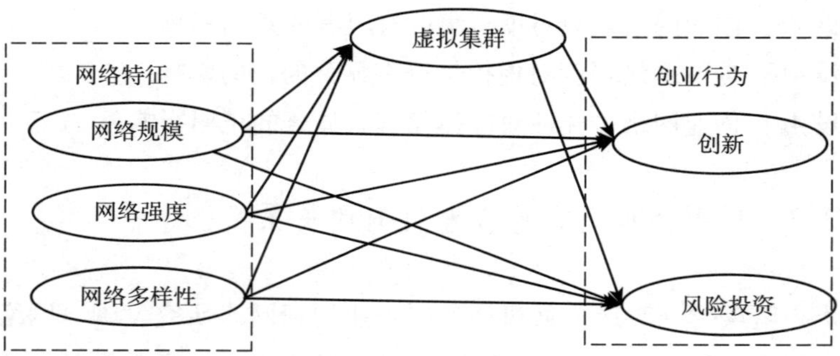

图8－1　概念模型

8.3.1 因变量

本章将创业行为分为创新、风险投资两大维度（叶峥、郑健壮，2014）。创新是探索和解决问题的过程，虽然专利常作为创新的一个指标，然而阿里巴巴虚拟集群创业企业主要是互联网产品和电商服务类的创新①，很难用专利数量的维度来衡量，而主要是商业模式的创新（赵炎、冯薇雨、郑向杰，2016）。因此，本章认为只要企业在交易内容、结构和治理中任一维度实现创新，则可以认为企业实现了商业模式创新。在基于互联网平台的创业企业中，多数企业的创新在于增加新的价值和新方式来创造新主体（黄筱彧等，2018）。因此，本章主要采用“近五年提供了新的价值主张”“近五年增加了

① 《中华人民共和国专利法》第二十五条规定对智力活动的规则和方法不授予专利权。

新的价值活动”“近五年有过以风险投资为表现的创业行为”三个题项测量创业行为。

8.3.2 自变量

借鉴梅强和花文超（2012）、叶峥和郑健壮（2014）、张秀娥和邢鸥（2016）等人的研究成果，本章选择“与贵企业有联系的创业企业更多”“与贵企业有联系的辅助机构更多”对网络规模进行度量；用“亲密程度”“互惠程度”“联系紧密程度”“互动频率”来度量网络强度；用与顾客、供应商、经销商、竞争者、政府部门、金融机构、科研机构、中介机构和行业协会九类网络伙伴的联系情况来度量网络多样性。

8.3.3 中介变量

因为共性和抢占资源，企业间会自发性的合作互补和聚集，形成特定的“虚拟集群”，其内外关系都会影响企业的创新行为。虚拟集群的测量指标采用了“内部信任程度”“内部资源流动程度”“外部市场交易程度”“战略联盟频率”（赵炎、冯薇雨、郑向杰，2016）。

8.4 数据收集与分析

8.4.1 数据收集

本章采用问卷调查的形式收集虚拟集群内成员的问卷。发放途径主要通过 QQ、微信、网页等互联网途径。发放对象是阿里虚拟集群的企业团队核心成员或企业中对企业、集群了解较深入的中高级管理人员。本次调查共发放问卷 184 份，回收问卷 137 份，其中有效问卷 131 份，问卷回收率 74.46%，有效率 95.62%。样本的描述性统计见表 8 - 1。

表 8 – 1　　样本的描述性统计

控制变量	均值	中位数	标准差
企业年龄	5. 35	4	4. 32
企业规模	154	55	142. 85

8. 4. 2　变量的信度和效度检验

本章研究的自变量、因变量和调节变量的测度指标均采用主观评价法，因此需要对问卷的信度与效度进行检验，以检测问卷设计的好坏和数据的真实性。本章用 SPSS 统计工具来分析信度和效度。由检验结果可知，Cranbach's a 系数均大于 0. 7，则说明中各题项的内部一致性比较好，问卷数据的结果是可靠的。量表的效度检验通常是检验量表的构建效度，而检验量表的建构效度通常使用因子分析。对创业网络特征量表、虚拟集群量表、创业行为量表进行 KMO 与巴特利特检验，KMO 统计量分别为 0. 848、0. 736 和 0. 839，均大于 0. 8，表示量表适合进行因子分析。巴特利特球形度检验卡方值分别为 1 260. 216、146. 576、1 032. 519，显著性均接近于 0，拒绝原假设，量表题项之间具有相关性，适合进行因子分析。因子分析结果汇总见表 8 – 2。创业网络特征、虚拟变量、创业行为的累计方差解释率分别为 61. 122%、54. 573%、59. 670%，方差解释率均大于 50%，因子提取效果较好。

表 8 – 2　　因子分析结果

变量	题项	因子		
		1	2	3
网络多样性	C1	0. 808		
	C8	0. 766		
	C5	0. 740		
	C9	0. 729		
	C6	0. 728		
	C2	0. 691		

续表

变量	题项	因子		
		1	2	3
网络多样性	C7	0. 680		
	C4	0. 621		
	C3	0. 578		
网络强度	B2		0. 836	
	B3		0. 812	
	B1		0. 760	
	B4		0. 722	
网络规模	A2			0. 926
	A1			0. 901

变量	题项	因子	
		1	2
风险投资	G5	0. 927	
	G3	0. 882	
	G2	0. 842	
	G4	0. 798	
	G6	0. 783	
	G1	0. 685	
创新	D2		0. 810
	D3		0. 733
	D1		0. 706
	D5		0. 650
	D4		0. 553

变量	题项	因子
		1
虚拟集群	F1	0. 778
	F2	0. 775
	F4	0. 715
	F3	0. 682

8.4.3 验证性因素分析

在探索性因素分析的基础上进一步检验理论模型中各个维度之间的收敛和区别效度，采用 AMOS23.0 软件对模型进行验证性因素模型（见表 8-3）。从拟合结果来看，各方面的拟合指标均符合相关的标准，拟合程度较高。综上所述，验证性因素模型的拟合效果很好。

表 8-3　　　　验证性因素模型拟合结果

统计检验量	检验结果	标准与临界值	模型适配判断
RMSEA 值	0.054	<0.08	是
GFI 值	0.838	>0.7	是
AGFI 值	0.806	>0.7	是
NFI 值	0.798	>0.7	是
CFI 值	0.915	>0.7	是
χ^2/df	1.568	<5	是

对验证性因素模型中各个潜在变量的组合信度和平均变异抽取量进行分析检验，以检验模型的收敛区别效度。各个潜在构念的组合信度均在 0.7 以上，平均变异抽取量均在 0.5 以上，各个题项的标准化因素载荷均在 0.6 以上，模型的各个拟合优度指标拟合非常好，以上指标均符合要求，说明测量模型具有较好的收敛和区别效度。

8.5 假设检验与结果

根据上述构建初始模型，其中网络规模、网络强度、网络多样性、虚拟集群直接影响创新和风险投资，网络规模、网络强度、网络多样性同样也直接影响虚拟集群。通过检查参数的正负号、数值大小、测量误差、变量测量质量等来检验估计系数是否超出可接受的范围。结果显示，模型拟合不存在违犯估计，可以进行后续模型拟合优度的检验。为了进一步提高模型的拟合优度，寻找更好的拟合结果，对模型进行修正。通过以下两种措施对模型进行修正：第一，删除不显著路径。第二，进行模型扩展（model building），对存在高度相关性的误差项建立公变关系，提高模型的拟合优度，使得模型结构更加合理。从 Amos 的输出结果来看，网络规模对风险投资、网络强度对创新、网络多样性对创新的影响在 0.1 的水平上均不显著，因此删除三条路径，然后对模型进行扩展。根据 MI 指标对误差项建立公变关系，提高模型的拟合优度。修正后的模型如图 8 -2 所示。

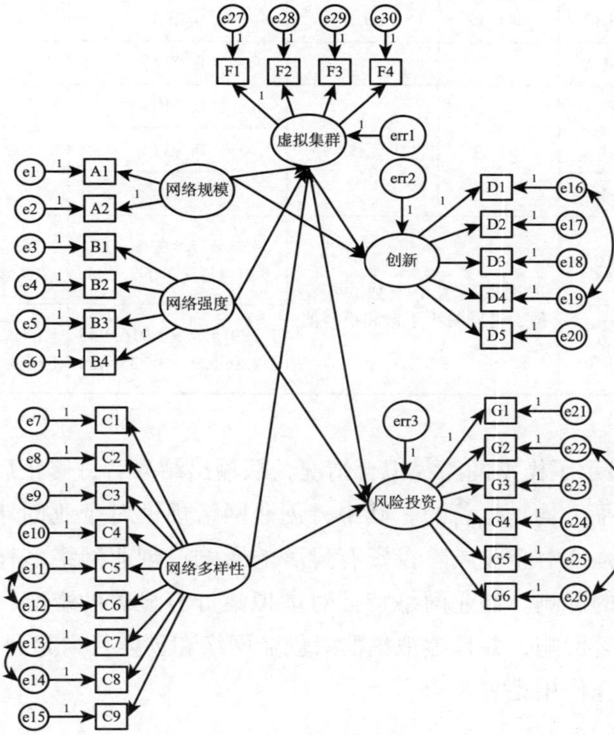

图 8 -2　修正后的路径

修正前后模型的拟合结果如表 8-4。从修正后的拟合结果来看，RMSEA 为 0.055 符合标准，GFI 与 AGFI 值均高于 0.7，符合标准；相对拟合指标 NFI 值、CFI 值与 TLI 值均高于 0.7，符合标准；χ^2/df 为 1.557 小于 2，符合标准。综合各项指标来看，模型的拟合指数评价结果符合相关标准，数据与理论模型相适配。

表 8-4　　模型的拟合结果

<table>
<tr><th colspan="2" rowspan="2">指标名称</th><th colspan="2">拟合指标评价标准</th><th rowspan="2">初次拟合</th><th rowspan="2">最终拟合</th></tr>
<tr><th>好</th><th>可以接受</th></tr>
<tr><td rowspan="4">绝对拟合指数</td><td>χ^2/df</td><td>1.0~2.0</td><td><3.0</td><td>2.001</td><td>1.577</td></tr>
<tr><td>GFI</td><td>>0.9</td><td>[0.7，0.9)</td><td>0.806</td><td>0.841</td></tr>
<tr><td>RMR</td><td><0.05</td><td><0.08</td><td>0.080</td><td>0.067</td></tr>
<tr><td>RMSEA</td><td></td><td></td><td>0.072</td><td>0.055</td></tr>
<tr><td rowspan="3">相对拟合指标</td><td>NFI</td><td rowspan="3">>0.9</td><td rowspan="3">[0.7，0.9)</td><td>0.740</td><td>0.796</td></tr>
<tr><td>TLI</td><td>0.833</td><td>0.903</td></tr>
<tr><td>CFI</td><td>0.848</td><td>0.913</td></tr>
<tr><td rowspan="2">信息指数</td><td>AIC</td><td colspan="2" rowspan="2">理论模型值小于独立模型值，且同时小于饱和模型值</td><td>930.417 >930.000
930.417 <3 097.235</td><td>763.586 <930.000
763.586 <3 093.159</td></tr>
<tr><td>CAIC</td><td>1 229.527 >2 916.945
1 229.527 >3 225.425</td><td>1 071.242 <2 916.945
1 071.242 <3 221.349</td></tr>
</table>

表 8-5 显示了模型的路径拟合情况，从输出结果看，修正后的模型路径在 $P<0.05$ 水平上均是显著的。其中，创业网络规模对企业创新有显著的影响；创业网络强度对企业风险投资有显著的影响；创业网络多样性对企业风险投资有显著的影响。创业网络特征对虚拟集群有显著的影响；虚拟集群与创业行为有显著影响，并且虚拟集群对创业网络和创业行为起到了中介作用。虚拟集群的中介作用见表 8-6。

表 8-5　　模型的路径拟合情况

影响变量	被影响变量	标准化 Estimate	S. E.	C. R.	P
网络强度	虚拟集群	0. 422	0. 086	4. 376	***
网络多样性	虚拟集群	0. 308	0. 037	3. 56	***
网络规模	虚拟集群	0. 22	0. 068	2. 472	0. 013
网络规模	创新	0. 292	0. 071	2. 995	0. 003
虚拟集群	风险投资	0. 276	0. 125	2. 624	0. 009
虚拟集群	创新	0. 422	0. 105	3. 787	***
网络强度	风险投资	0. 218	0. 096	2. 403	0. 016
网络多样性	风险投资	0. 162	0. 041	2. 021	0. 043

表 8-6　　虚拟集群的中介作用分析

影响因素	被影响因素	总作用	直接作用	间接作用	直接作用	间接作用
网络规模	虚拟集群	0. 22	0. 22	0	√	
	风险投资	0. 061	0	0. 061		√
	创新	0. 385	0. 292	0. 093	√	√
网络多样性	虚拟集群	0. 308	0. 308	0	√	
	风险投资	0. 247	0. 162	0. 085	√	√
	创新	0. 13	0	0. 13		√
网络强度	虚拟集群	0. 422	0. 422	0	√	
	风险投资	0. 334	0. 218	0. 117	√	√
	创新	0. 178	0	0. 178		√
虚拟集群	风险投资	0. 276	0. 276	0	√	
	创新	0. 422	0. 422	0	√	

对假设检验的结果（见表 8-7）分析如下：

表 8－7　　　　假设检验结果

假设模块	假设内容	检验结果
创业网络特征与企业创业行为的关系	假设 1a：创业网络规模对企业创新有显著的正向影响	支持
	假设 1b：创业网络规模对企业风险投资有显著的正向影响	不支持
	假设 2a：创业网络强度对企业创新有显著的正向影响	不支持
	假设 2b：创业网络强度对企业风险投资有显著的正向影响	支持
	假设 3a：创业网络多样性对企业创新有显著的正向影响	不支持
	假设 3b：创业网络多样性对企业风险投资有显著的正向影响	支持
创业网络特征与虚拟集群的关系	假设 4a：创业网络规模对虚拟集群有显著的正向影响	支持
	假设 4b：创业网络强度对虚拟集群有显著的正向影响	支持
	假设 4c：创业网络多样性对虚拟集群有显著的正向影响	支持
虚拟集群与创业行为的关系	假设 5a：虚拟集群对企业创新有显著的正向影响	支持
	假设 5b：虚拟集群对企业风险投资有显著的正向影响	支持

8.5.1　创业网络特征与企业创业行为的关系

在虚拟集群中，创业网络规模对企业创新、创业网络强度对企业风险投资、创业网络多样性对企业风险投资的相关假设 1a、2b、3b 成立。而创业网络规模对企业风险投资、创业网络强度对企业创新、创业网络多样性对企业创新的相关假设 1b、2a、3a 未得到支持。这一结论部分的验证了朱秀梅和李明芳（2011）、赵炎和郑向杰（2013）、维特（Witt，2004）和贝尔（Bell，2005）等人的研究结论，同时也显示出了虚拟集群中创业网络特征与创业行为关系的差异性。具体而言，通过区分具体网络特征对企业创业行为的两个维度即创新和风险投资的影响，得出了更为细致的结论。

创业网络规模对企业创新具有显著的正向影响得到验证，而对企业风险投资具有正向影响没有得到验证。这说明，对于基于互联网平台的创业网络，网络规模越大，网络内部企业获得的异质性信息的机会越多，对创业企业打开思路，迅速识别和捕捉创业机会从而进行创新活动产生正向影响；而过于庞大的网络规模却可能对企业行为约束的作用更大，对信息的依赖会降低企业独立判断能力，甚至导致行为趋势的发生，因此开展新的风险投资活动会受到限制（聂富强，2016）。因此关于创业网络规模与风险投资究竟是何种关系，还有待进一步验证。

创业网络强度对企业风险投资具有显著的正向影响，对企业创新的影响却没有得到验证。这说明，在虚拟集群中增加创业网络的强度，能增强网络内企业的信任感并加强协作关系，降低交易成本，减少机会主义行为，增加风投信息的广度与深度，让企业在动态变化的环境下能更好地审视企业的机遇与挑战，迅速将市场机会转化为现实机会，精准投资（叶峥，2014）。但是，网络高度聚集也可能会降低企业获取独特知识的能力，网络共享的知识信息变得一致且冗余，可能会扼杀创造性，限制企业创新，导致网络内部成员竞相模仿而不是追求创新（赵炎，2016）。

创业网络多样性对于企业风险投资具有显著的正向影响，对企业创新的正向影响没有得到验证。这说明在虚拟集群中，创业网络的多样性能增加网络内成员视角的多样性，开阔成员的思路，获得更多非重复的网络收益，加快企业的成长。网络异质性有利于消除冗余的资源，让企业能快速识别资源互补型较强的联系，因此，创业网络多样性对企业风险投资产生显著的正向影响。然而网络多样性可能会造成企业对自身创新战略的不确定性，反而对企业开展新业务、开发新产品等创新活动不利。创业网络多样性对企业创新的关系还有待进一步验证。

8.5.2 创业网络特征与虚拟集群的关系

创业网络规模、创业网络强度、创业网络多样性对虚拟集群存在显著的正向影响，创业网络特征与虚拟集群关系的假设4a、4b、4c均得到支持。这与高长元和王京（2014）、瑟尔和塞尔维（Thor & Sylvie，2013）等人的结论相一致。说明虚拟集群依赖于创业网络的发展，同时是创业网络结构不断发展、深化的重要途径之一。此外，随着创业网络的扩张，网络成员之间为了高频率、全连通、高互信的合作，会不断促进虚拟集群的不断发展（万炜，2013）。

8.5.3 虚拟集群与创业行为的关系

虚拟集群对企业创业行为的两个维度创新和风险投资均具有显著正向影响。虚拟集群与创业行为关系的假设5a、5b得到支持，从虚拟集群层面进一步验证了大卫（David，2012）、阿弗格罗和李（Avgerou & Li，2013）、张树臣和高长元（2013）等人的观点。这说明虚拟集群增加了企业间的信任程度，提高了知识溢出和分享的效率。虚拟集群的聚集性降低了知识流转路径的复杂性，为网络中知识的完整传递提高了有力的保障，强化了对企业创新和风投的影响。虚拟集群的连通性提高了知识信息的转移力度，提升知识资源重组效率，对企业的创新产生积极作用。在互联网快速更新迭代的环境中，及时获取资源能让企业掌握第一手信息进行产品创新和业务更新。

综合表8－6和表8－7分析，创业网络规模对企业风险投资、创业网络强度对企业创新、创业网络多样性对企业创新没有直接的影响，却通过虚拟集群的中介作用对创业行为的两个维度产生影响。这也是本章对以往研究的结论作出的最具体和深入的补充。这种中介作用的原因可能在于虚拟集群的特性提升了创业企业之间的信任感，使企业通过与网络成员更频繁的互动有效地获取外部资源，提升环境感知能力、资源整合能力、知识认知能力，因此通过虚拟集群的媒介作用和环境效应影响了企业的创新能力和风投能力。

8.6 本章小结

基于互联网发展的产业转型升级促进了虚拟集群的新一轮发展。本章构建了以虚拟集群为中介变量的创业网络特征对企业创业行为影响的结构方程模型，并提出相关的假设。基于对阿里巴巴平台上131家B2B型创业企业的有效问卷，用SPSS和AMOS软件进行实证分析，得出以下结论：第一，创业网络规模对企业创新、创业网络强度对企业风险投资、创业网络多样性对企业风险投资具有显著的正向影响。第二，创业网络规模对企业风险投资、创业网络强度对企业创新、创业网络多样性对企业创新没有直接的影响，却通过虚拟集群的中介作用对创新或风险投资产生差异化的影响。第三，创业网络规模、创业网络强度、创业网络多样性对虚拟集群存在显著的正向影响，而虚拟集群对企业创业行为的两个维度创新和风险投资均具有显著正向影响。

第 9 章

电子商务虚拟集群创业传导仿真

9.1 概　　述

2016 年以来，中央加快“供给侧改革”力度，通过“互联网 +”来促进传统企业转型升级，电子商务产业发展迅猛。中国电子商务研究中心发布的报告显示[①]，2016 年中国电子商务交易额 22.97 万亿元，同比增长 25.5%。其中，B2B 市场交易规模 16.7 万亿元，网络零售市场交易规模 5.3 万亿元，生活服务 O2O 交易规模 9 700 亿元。浙江省商务厅发布的报告显示，2016 年浙江省累计实现网络零售 10 306.74 亿元，同比增长 35.43%；跨境网络零售出口 319.26 亿元，同比增长 41.69%；其中，金华市、杭州市、宁波市等地居全省前三名，占比分别为 58.62%、18.24%、8.56%，占全省跨境网络零售出口的 85.42%[②]。从浙江省的实践层面看，已涌现大量电子商务虚拟集群现象。越来越多的传统产业集群与阿里巴巴等互联网龙头企业合作，开展传统企业借助电商实施转型升级的培训，构建电商服务体系，着力打造电子商务虚拟集群。2016 年度，阿里巴巴集团以及蚂蚁金服集团全年平台带动的上游生产制造与批发增量、物流增量等所产生的税收贡献初步估计超过了 2 000

① 2016 年度中国电子商务市场数据监测报告，http：//www.100ec.cn/zt/16jcbg/.

② 浙江省商务厅．“关于浙江省跨境电子商务发展的报告”．http：//www.zcom.gov.cn/art/2017/11/12/art_1397309_12961315.html.

亿元①。阿里巴巴等第三方平台在为浙江原有的产业集群和其交易对象提供服务的同时，获得了规模经济，变得日益成熟。虚拟集聚的发展推动了生产链中上游和下游专业部门间的纵向分工，以及生产链中同一专业部门间的横向分工，从而增加生产迂回程度和专业多样化程度。从政策层面看，《浙江省国民经济和社会发展第十三个五年规划纲要》明确指出“倾力营造最优创业创新环境”，“加强农村电子商务等新兴领域创业辅导，培育更加活跃的创业创新主体”。通过电子商务虚拟集群使得面向产业集群和区域特色产业的第三方电子商务发展，推动企业间网上协同研发、设计和制造，增强产业链商务协同能力，实现产业链资源的优化配置和整合，有利于全面提升产业集群竞争力。可见，发展电子商务虚拟集群可能是培育新兴产业和实现传统产业转型升级的一条有效途径。在互联网平台上，电子商务企业本身以及围绕其业务开展的各类制造、配套、服务企业的有机整合。因此，电子商务虚拟产业集群的形成与发展与其创业传导的特殊性密切相关。

9.2 电子商务虚拟集群的创业特征

由供应商、分销商、服务供应商以及顾客依靠“互联网络协作技术”作为合作与竞争的主要方式的衍化过程，其往往被定义为“e-business communities”（James & Terry，2015）。电子商务虚拟集聚把协作网络中的每个企业，甚至特定区域，作为具有特定竞争优势的“核”，并以现代信息和通讯技术为主要手段，通过隐性或显性契约把众多关联企业、专业化供应商、金融机构等联系起来，而实现跨越地理空间约束的具有“中枢 + 辐条（hub and spoke)”结构的综合性系统（见图9－1)。

① 阿里研究院．“国家统计局告诉你：这项关键指标2016年又提升了1.8个百分点”．http：//www.aliresearch.com/blog/article/detail/id/21235.html.

图9－1　电子商务虚拟集群创业特征

9.3　电子商务虚拟集群的创业网络

9.3.1　电子商务虚拟集群创业网络特征

如第5章所述，产业集群企业间的相互作用对于创业行为的整个传导过程具有关键作用；集群企业的创业行为决策不仅取决于邻居的选择，还会受到集群企业网络的复杂拓扑构型的影响；集群企业的创业行为选择受市场机遇等外部因素与集群外部网络的共同影响（叶峥、郑健壮，2014）。根据前述，阿里巴巴等电子商务虚拟集群创业网络的形成离不开网络上创业行为的传导。因此，电子商务虚拟集群的创业传导也符合复杂社会网络扩散的特征，事实上就是创业行为在电子商务虚拟集群网络这一复杂网络上的传播与扩散。

本章主要分析阿里系电子商务虚拟集群中的B2B和C2C两类业务模式。B2B（business to business）指商家与商家建立的电子商务，是阿里巴巴集团的主体业务。B2B表现为上下游的分工合作，体现出一定的以大企业为中心、众多中小企业为外围为“核心企业”进行特定的专业化加工，或根据需要提供专门化产品。该类型集群结构度高，群内企业相互依赖性强，同质性低。B2B型电子商务虚拟集群中企业同质性低表明内部网络结构中存在少量度相对很高的结点，且以大企业为中心，即符合BA模型中存在的具有较高连接度的“大”结点；网络内结构度高表明企业间关系的产生是以优先连接大企业为标准的，即符合BA模型中具有的优先连接特性。C2C（customer to consumer）是个人与个人之间的电子商务。典型代表是阿里巴巴集团中的淘宝电子商务虚拟集群平台。C2C以平等的市场交易为主，各主体以水平联系来完成整个虚拟集群运作。该类型集群的结构度相对较低，集群主体间同质性较高，双边的依赖性不是很强。因此，C2C型电子商务虚拟集群中高同质性表明主体之间相似度高、重要性趋同，以水平联结为主要方式，即符合ER模型中结点度分布相对平均；结构度低表明主体间锁定程度、依赖性弱，主体间关系的产生不受原有关系的影响，即符合ER模型中结点之间边以相同概率联结。据此，可以依据表9-1得出C2C、B2B两种电子商务虚拟集群网络模型下的连接概率。

表9-1　　两类复杂网络模型概率

	连接概率	说明
ER模型	$\prod_i = \frac{1}{N(t)}$	$\prod_i$ 表示结点i与新结点的连接概率，N(t) 表示t时刻的结点数，k_i 表示结点i的度，$\sum_j k_j$ 中 $j=1\sim N$（N是已有结点数），表示将所有结点的度加总
BA模型	$\prod_i = \frac{k_i}{\sum_j k_j}$	

9.3.2　电子商务虚拟集群创业传导过程

电子商务虚拟集群中某些主体的创新行为直接促成了与其关联的主体的创新行为，是创业行为在主体间的扩散。因此，基于网络关系的电子商务虚拟集群企业创业传导是指主体的创业决策过程容易受到与之联系的主体选择的影响，这一特征符合复杂网络创新扩散的邻居效应。在邻居效应中，个体间影响模式存在主动影响与被动影响两种模式（赵正龙，2008）。主动影响模式是指电子商务虚拟集群中的个体会有意识地宣传自己，尤其是针对性地向重点邻居个体宣传自己，从而促成邻居个体创业，达到加强合作的目的。被动影响模式是指电子商务虚拟集群的目标个体不采取任何有意识的行为去影响创新的扩散，扩散概率取决于邻居个体的理性决策过程。基于研究数据的可获得性，本章不考虑网络中个体间的联系强度，则电子商务虚拟集群创业传导的两种影响模式传导概率如表 9－2 所示。

表 9－2　　个体间创业传导概率

	传导概率	说明
主动影响	$D_{i \to j} = \frac{1}{k_i}$	其中 $D_{i \to j}$ 表示由结点 i 向结点 j 传导的概率，k_i 表示结点 i 的度，k_j 表示结点 j 的度
被动影响	$D_{i \to j} = \frac{1}{k_j}$	

针对电子商务虚拟集群各平台的研究表明，在某些集群中，企业创业行为能较好地带动电子商务虚拟集群创业，而有些则无法形成有效的扩散或传播，在电子商务虚拟集群中的影响极为有限。因此，电子商务虚拟集群主体的创业行为不仅取决于邻居效应，还与网络的复杂拓扑构型有关，需要分析 C2C 与 B2B 两种电子商务虚拟集群网络特征对创业传导过程与效果的影响。反映创业传导的过程与效果的指标包括传导成功率 S（受传导的创业企业数量）、传导放大系数 E（企业累积创业行为次数）、传导集中度 CV（创业行为的集中趋势，公式如下）。

$$CV = \frac{\sqrt{\frac{\sum_{i=1}^{m}(E_i - AE_m)^2}{m}}}{AE_m}$$

其中，$AE_m = \frac{\sum_{i=1}^{m} E_i}{m}$ 表示某电子商务虚拟集群所有企业的平均创业次数，

m 表示该集群的企业数，E_i 是该集群中第 i 个企业的创业次数。

9.4 多主体仿真

9.4.1 研究设计

电子商务虚拟集群企业的创业行为通过信息流共享、知识传递和学习、多样化行为特征、创新能力以及行为个体间的复杂关系和结构演进在网络中进行传导。因此，运用仿真方法可以考察“初始条件”和“路径依赖”对创业传导的影响。本章采用 MATLAB7.5 对研究模型进行仿真，首先生成电子商务虚拟集群网络模型，然后进行创业行为传导仿真①。

9.4.2 生成网络模型

在 MATLAB 中建立两个电子商务虚拟集群模型：C2C 模型和 B2B 模型。在生成网络模型时，我们从一个初始节点开始，按照两类模型节点连接概率规则（见表 9 - 1），每次加入一个新节点，一直增加到 100 个节点②。网络模型生成输出两种模型下的网络图和节点度分布图（见图 9 - 2）以及网络节点数和网络边的指标。生成的 C2C 网络模型含 100 个节点，101 条边，度分布平均（介于 0 ~ 10 之间）；生成的 B2B 网络模型含 100 个节点，187 条边，存在具有较高连接度的“大”节点（一般节点度介于 0 ~ 30 之间）。

---

① 生成网络模型和仿真都采用蒙特卡洛方法（Monte Carlo method），基于使用马特赛特旋转演算法（Mersenne Twister）产生的均匀分布的伪随机数，根据相应的概率模型来生成网络和仿真。

② 依据调研反馈信息，本书以电子商务虚拟集群初步形成的网络企业数 100 家为基准，在 MATLAB 中设置代码为“C2C_node = 100” 和 “B2B_node = 100”。

C2C模型网络

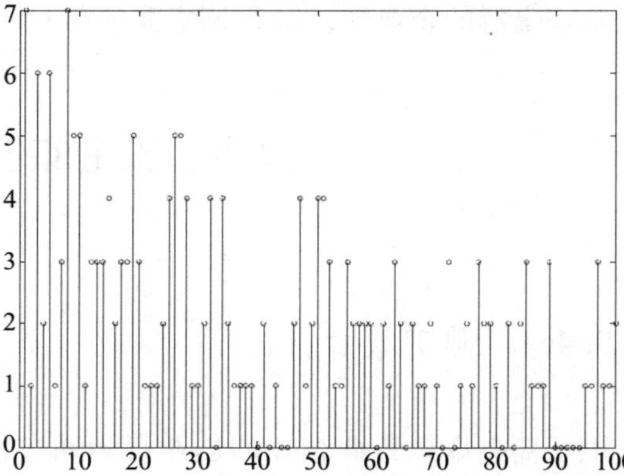

C2C模型节点度分布

B2B模型网络

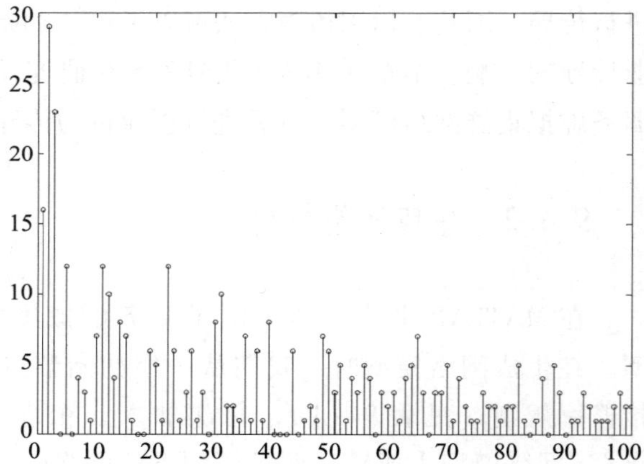

B2B模型节点度分布

图 9－2　两类模型的网络图和结点度分布

9.4.3　创业传导仿真

在两种网络模型下，随机选择电子商务虚拟集群中的初始创业企业（称为目标节点），初始目标节点数分别设定为初始节点的1%和10%两种情况。根据传导概率D（见表9－2），目标节点对邻居节点进行创业传导，受传导的邻居节点即为下一次传导过程开始时的目标节点，传导可反复、累积发生。

运行输出经过 25 次传导后①的传导过程图（见图 9－3）、传导效果图（见图 9－4）和两类模型创业传导后的节点图（见图 9－5），并输出传导成功率 S、传导放大系数 E、创业集中度 CV 三个指标的值。根据仿真输出的传导过程图，分析传导时间 T（传导趋于稳定时的次数）的差异，从而比较出不同网络结构和网络关系下的创业传导时间。

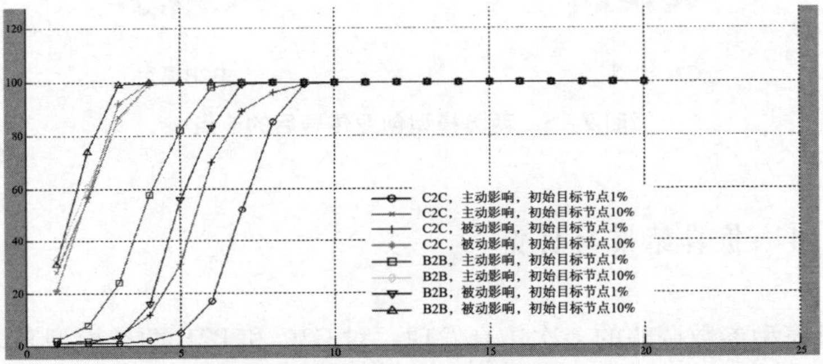

图 9－3　传导过程

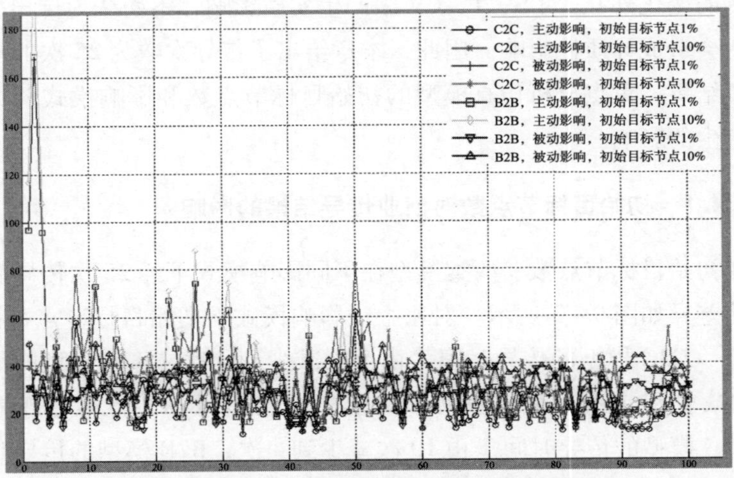

图 9－4　输入参数差异对创业传导效果的影响

① 本书在 MATLAB 中设置"reflect_num（初始目标节点数，其值分别取 0.01 和 0.1）"，"reflect_type = 0（传导影响模式的类型，0 为主动影响，1 为被动影响）"，"reflect_T = 25（传导次数 25 次，后续可根据研究需要调整）"。

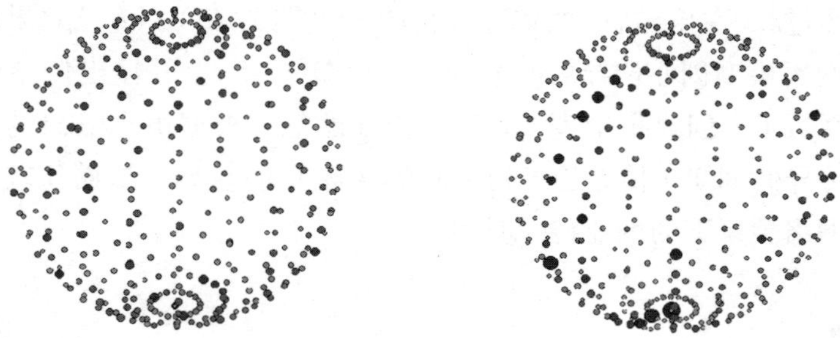

C2C模型　　　　B2B模型

图 9－5　两类模型创业传导后的节点

9.4.4　仿真结果与讨论

经过模型参数调整的多次仿真发现，对 C2C 和 B2B 两类模型来说，在其他参数不变的情况下，传导次数的变化除了引起 E（累积创业次数）发生几乎同比例的变化外①，对 S、T、CV 未产生实质影响，不妨认为传导次数对传导结果不会造成异质性影响。因此，本章给出了传导次数为 25 次的不同参数下的仿真结果，重点分析仿真模型的初始目标节点数和影响模式两类参数变化及其产生的影响。

9.4.4.1　初始目标节点数对创业传导结果的影响

改变初始目标节点数，两类模型在不同影响模式下经 25 次传导后，其传导过程的差异如图 9－3 所示。对比主动影响模式下初始目标节点数由 1% 增加到 10%，C2C 模型的传导时间 T 由 8 次减少到 4 次，B2B 模型的传导时间 T 由 7 次减少到 4 次；对比被动影响模式下初始目标节点数由 1% 增加到 10%，C2C 模型的传导时间 T 由 10 次减少到 4 次，B2B 模型的传导时间 T 则由 8 次减少到 3 次。可见对于两类模型，增加初始目标节点数使传导更早达到稳定效果。

---

① 如前所述，在仿真中设定传导可反复、累积发生，因此集群企业的累积创业次数随传导次数发生几乎同比例的变化。

9.4.4.2 影响模式对创业传导结果的影响

改变节点间影响模式，两类模型在不同初始目标节点数下经 25 次传导后，其传导效果的差异如图 9-4 所示。对比初始目标节点数 1% 时由主动影响转变为被动影响的两类模型和对比初始目标节点数 10% 时由主动影响转变为被动影响的两类模型发现，C2C 模型和 B2B 模型的不同企业的累积创业次数在被动影响模式下均表现出更为均衡。特别是 C2C 模型，其企业累积创业次数在主动影响模式下极度不均衡，而在被动影响模式下则出现了均衡情况。从指标值来看，初始目标结点数 10% 时，C2C 模型的 CV 值从主动影响模式下的 0.4161 降低到被动影响模式下的 0.2023，而整个虚拟集群企业累积创业次数 E 却从 5 344 次增加到 8 262 次，说明被动影响模式下电子商务虚拟集群企业创业传导效果占优；B2B 模型在主动影响模式下的 CV 值为 0.7146，创业行为较于 C2C 模型更为集中，而在被动影响模式下的 CV 值降为 0.2839，创业行为转而趋于均衡，且整个虚拟集群企业累计创业次数 E 从主动影响模式下的 6 073 次增加到被动影响模式下的 8 998 次，说明被动影响模式下的传导效果占优。初始目标结点数 1% 时，C2C 模型的 CV 值从主动影响模式下的 0.5866 降低到被动影响模式下的 0.3114，而整个虚拟集群企业累积创业次数 E 却从 1 002 次增加到 2 447 次，说明被动影响模式下电子商务虚拟集群企业创业传导效果占优；B2B 模型在主动影响模式下的 CV 值为 0.8993，创业行为较于 C2C 模型更为集中，而在被动影响模式下的 CV 值仅为 0.3316，创业行为转而趋于均衡，且整个虚拟集群企业累计创业次数 E 从主动影响模式下的 1 974 次增加到被动影响模式下的 3 629 次，说明被动影响模式下的传导效果占优。因此判定，对于两类模型，电子商务虚拟集群企业间在被动影响模式下的传导效果优于主动影响模式下的传导效果。

9.5 结论与启示

本章从复杂网络视角出发，研究了基于互联网的电子商务虚拟集群企业创业行为在电子商务虚拟集群网络上的传导现象，并运用仿真方法对传导过程和传导效果进行了模拟，刻画了电子商务虚拟集群企业创业传导路径和理性选择行为。相较于传统集群创业，电子商务集群创业传导的过程与效果与其电子商务业务模式具有极大的关联性。对电子商务虚拟集群 C2C 和 B2B 两类业务模式，企业间创业传导次数的变化除了引起虚拟集群整体累积创业次数发生几乎同比例的变化外，对于虚拟集群创业传导过程与效果基本没有影响。对于两类业务模式，增加该电子商务虚拟集群的创业企业数量，将使得达到相同的创业传导效果的时间显著减少，即电子商务虚拟集群内的企业创业将更早达到稳定效果（极限值）。对于两类业务模式，在企业间被动影响模式下不同企业的累积创业表现出更为均衡，且企业的累积创业次数显著增加，即被动影响模式下电子商务虚拟集群的创业传导效果更为均衡和明显。特别是对于 B2B 这种电子商务虚拟集群类型，随着影响模式从主动影响变为被动影响，创业行为从趋于集中转变成趋于均衡，创业传导进程显著加快，传导更早达到稳定效果。

本章的仿真结论对电子商务虚拟集群创业政策的启示如下：第一，对于电子商务虚拟集群，应尽可能营造良好的网络创新创业环境，以激发企业创业，增加创业企业数量，这样有利于加快和推动整个电子商务虚拟集群的创业传导进程和提高创业企业数量极限值。第二，对于特定规模的电子商务虚拟集群，创业行为在企业间的传导存在极限值，这符合实践中观察到的不是所有的企业都能在发展中始终采取创新型发展战略，总有一些企业会走向衰退或逐渐退出市场。因此，电子商务虚拟集群的壮大发展具有一定的阈值。第三，在促进电子商务虚拟集群企业创业行为传导时，应更加注重互联网平台上企业间合作关系中的被动影响模式，即在鼓励和引导创业企业主动对创新活动寻找合适的电子商务关联企业的同时，更应从整个集群层面促进企业提升制定电子商务发展规划和战略的能力，从而促使更多意义上的电子商务关联企业能始终保持对合作创新活动的关注且从长远发展的角度跟进创业。

9.6 本章小结

在互联网蓬勃发展下，地理集聚经济及其外部性通过虚拟集聚的传播已逐渐成为区域经济发展的显著标志。发展电子商务虚拟集群是培育新兴产业和实现传统产业转型升级的一条有效途径。本章基于复杂网络，研究了电子商务虚拟集群企业创业行为在电子商务虚拟集群网络上的传导现象，并运用仿真方法对传导过程和传导效果进行了模拟。研究发现：对电子商务虚拟集群 C2C 和 B2B 两类业务模式，企业间创业传导次数的变化除了引起虚拟集群整体累积创业次数发生几乎同比例的变化外，对于虚拟集群创业传导过程与效果基本没有影响；对于两类业务模式，增加该电子商务虚拟集群的创业企业数量，电子商务虚拟集群内的企业创业将更早达到稳定效果；对于两类业务模式，被动影响模式下电子商务虚拟集群的创业传导效果更为均衡和明显；对于 B2B 这种电子商务虚拟集群类型，随着影响模式从主动影响变为被动影响，创业行为从趋于集中转变成趋于均衡，创业传导进程显著加快，传导更早达到稳定效果。

第 10 章

基于互联网的虚拟集群发展对策与建议

10.1 创业发展建议

10.1.1 创业政策框架

我国政府在鼓励创业的过程中采取了多种政策工具，其中主要是税收，而相关的公共支出政策较少。对基于互联网的虚拟产业集群而言，现阶段，创业应该成为政策设计、选择和实施的明确焦点，亦即在传统的货币、财政等政策工具基础上，结合互联网虚拟产业集群实际，寻求新的政策着眼点。创业政策框架应该涵盖创业重要性认识、创业机会、创业能力和创业结果保障等层面的创业政策激励体系。

根据本书所得出的基本结论，本书构建了涵盖创业行为激发、持续创新激励和创业传导促进三个方面的集群企业创业激励体系（见图 10－1）。创业行为的激发应依据企业的网络特征加以选择，并尽可能扩大受益范围，措施重点是充分利用互联网来解决传统产业集群企业的过度嵌入问题。持续创新的激励应依据不同企业的网络特征实行分层激励，即针对互联网平台核心企业要创造外部创新诱因，而针对其他企业则要促进其适当获得平台核心企业的创新“溢出”，以实现虚拟集群内的创新匹配。创业传导的促进应充分重视互联网平台核心企业在创业传导中的“源头”作用，同时注重企业间的弱关系所形成的创业传导作用，从而使创业传导过程与效果优化。

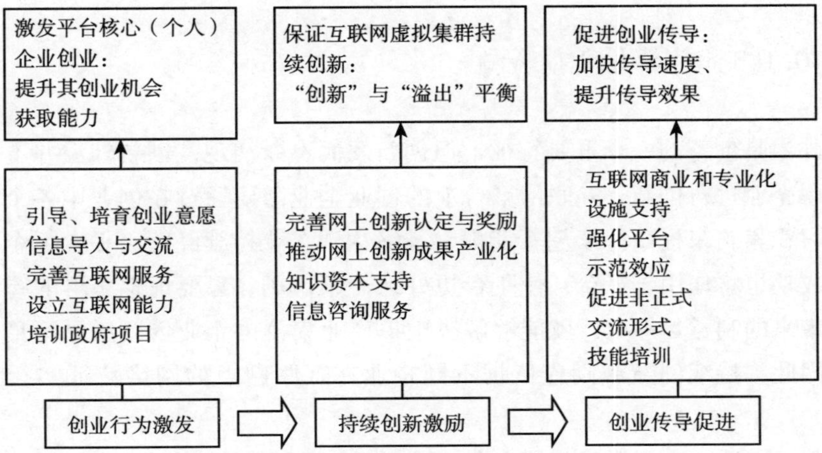

图 10－1　互联网虚拟产业集群创业政策体系

10.1.2　创业行为的激发

在创业前期，电商平台上的创业企业特别是创业者应该充分利用时间开展创业实践，创业者通过亲身创业实践纠正已获得的知识而得到的新知识更利于电商平台上机会的识别、评估和利用。在创业企业的运营管理中，创业者要保持对平台上其他优秀创业者（标杆企业）的行为和同行的经营行为（包括失败行为）的关注，提升自身的运营管理能力并改善自身的创业决策。创业行为的激发应发掘"领袖"角色，那些具备更强的创业实践能力，更强机会获取能力和资源整合能力的企业或个人，应首先作为创业行为的激发对象。

因此，本书提出针对集群企业创业行为激发的措施建议：

（1）针对传统产业集群内的核心企业或龙头企业，应通过外部信息导入与交流，使其获得更多的互联网创业的外部机会。通过融入互联网平台上跨区域的虚拟产业集群来获取新的市场机会。

（2）依据区域经济和发展特点，设立适当的政府项目，引导"领袖"型企业或个人进行相应的创业。

（3）为数量众多的中小企业开设互联网创业的讲座和培训，完善网上融资平台，引导、培育创业意愿，提升创业认知能力。

10.1.3 持续创新的激励

外溢是创新的一个重要特征，但创新反而不断涌现，创新外溢并不会完全阻碍企业进行创新。互联网平台上的创业企业需要通过在创业中各个方面的学习积累，来提高持续创新能力，最终达到企业持续经营。平台上企业的创业成功也将作用于平台，使平台更好地占领市场。只要虚拟集群的跨区域合作带来的利益足够大，就能够解决虚拟产业集群内企业创新激励不足的问题。因此，持续创新激励应依据不同企业在互联网上的网络特征实行分层激励。

基于上述，本书提出集群企业持续创新的激励措施建议：

（1）互联网创业重在把握机会。互联网平台上的“资源池”就是帮助平台上创业企业的成功的重要因素。电商平台应为创业企业提供更多开展或参与产品或服务创新的机会，深度挖掘未被满足的市场需求。

（2）针对互联网平台核心企业，要提供知识资本支持，引入国际化的信息比较，创造创新诱因。因此，政府应不断为其创造“学习榜样”和国际化比较以激励其持续创新。

（3）针对互联网平台上的企业，要提供信息咨询服务，促进适当的创新“溢出”，实现虚拟集群的创新匹配。

10.1.4 创业传导的促进

根据本书研究，对于特定规模的虚拟产业集群，创业行为的传导存在极限值。在促进创业行为传导时，应更加注重互联网平台上企业合作关系中的被动影响模式，即在鼓励和引导创业企业主动对创新或风险投资活动寻找合适的关联企业的同时，更应从整个互联网平台层面促进企业提升制定企业发展规划和战略的能力，从而促使更多意义上的关联企业能始终保持对合作方创新或风险投资活动的关注且从长远发展的角度跟进创业活动。一旦平台核心企业成为创业企业，就能发挥其巨大的局部影响力，提高众多与之关联企业的传导概率，从而促进传导进程。

基于上述，本书提出促进集群企业创业传导的措施建议：

（1）塑造互联网虚拟集群的创业示范企业，通过对创业的成功事件进行宣传，增加企业对创业的认知，培养创业文化和氛围，激发创业的兴趣和动机。

（2）从整个互联网平台层面促进企业提升制定企业发展规划和战略的能力，从而促使企业能始终保持对关联企业的创新或风险投资活动的关注，并跟进创业活动。

（3）在某一个企业进行创新开发成本过高、无力完成时，互联网平台应集中平台上有能力的一些关联企业形成合力，联盟创业。从而扩大初始创业企业数量，并通过其关联企业进一步形成创业的传导。

10.2 研究局限及未来研究展望

在科学研究中，由于研究人员的研究主题、视角、样本选取和研究方法等原因，研究结论往往在一定范围内存在适用性。本书也不例外，尽管本书基本达到了预期研究目标，并获得了一些有价值和创新性的研究结论，但由于研究问题的复杂性和时间的制约，研究尚存在许多不足之处。总体而言，本书的局限及未来的研究展望主要体现在以下三个方面：

（1）从产业集群企业创业理论研究来看。本书的研究表明集群企业的网络关系嵌入和结构嵌入能显著地影响集群企业的创业能力，从而进一步影响其创业行为，但相应的，集群企业在创业行为过程中可能产生一些新的网络关系，特别是基于互联网的开放特性形成的一种新的虚拟集群网络关系，使传统产业集群原有的网络关系和结构嵌入特征发生改变，同时创业能力也发生动态变化即集群企业创业可能存在对其原有的网络特征存在“反馈式”影响。这是未来研究者可以深入探究的议题。另一方面，在实证研究中，受调研条件所限，本书的研究对象是浙江省列入转型升级示范区的集群内部企业以及基于阿里巴巴平台的互联网虚拟产业集群创业企业，基于大样本取样的视角，如能增加更广泛的虚拟产业集群企业，则研究应该更具有针对性和说服力。

（2）从网络特征与其创业行为的传导研究来看。本书仅仅基于既定的集群企业网络、互联网平台企业网络和集群内部因素去分析集群企业创业行为的传导，而现实中的虚拟产业集群企业创业行为受市场机遇等外部因素与集群外部网络的共同影响，因此本书建立在理论推演下的仿真模型与现实模型仍有一定差距，未来的研究可以在理论模型的拓展和完善方面进行深化，具体而言，包括对初始创业企业进行差异化选择，从现实中抽象出具有现实意义的传导时间，在虚拟产业集群企业创业传导中增加新生网络和集群外部因素等的仿真刻画。此外，本书仅仅是对理论模型进行了仿真实验，未来研究可以选择与两类集群相对应的实证案例作为研究对象，先运用 Ucinet 等工具刻画其网络结构，在此基础上做仿真，并较长时间跟踪实际案例，以此进行对比分析的动态研究。

（3）从虚拟产业集群创业政策研究来看。基于互联网的虚拟产业集群企业作为集群的细胞，是虚拟产业集群发展的关键，因此是政策制定者重点关注的对象。如何通过有针对性的政策来切实促进企业创业是个值得研究的具有现实意义的选题。本书结果表明企业间创业传导的方式、过程和效果与网络是密切相关的，据此也提出了一些措施建议。受研究时间与条件所限，并没有提出实质性的具体政策。在未来，政府如何优化互联网平台上的企业网络关系，并充分根据企业的网络特征引导企业创业发展应该是未来一个重要的研究方向。

参考文献

[1] 阿玛尔·毕哈德（Amar V. Bhide）著. 魏如山、马志英译. 新企业的起源与演进［M］. 北京：中国人民大学出版社，2004.

[2] 埃弗雷特·M. 罗杰斯（Rogers E. M.）. 创新的扩散［M］. 北京：中央编译出版社，2002.

[3] 班图拉. 社会学习理论［M］. 沈阳：辽宁人民出版社，1989：62－142.

[4] 蔡莉，崔启国，史琳. 创业环境研究框架［J］. 吉林大学社会科学学报，2007，（1）：50－56.

[5] 蔡莉，汤淑琴，马艳丽，高祥. 创业学习、创业能力与新企业绩效的关系研究［J］. 科学学研究，2014，32（08）：1189－1197.

[6] 蔡宁，黄纯. 集群风险与结构演化的复杂网络仿真研究［J］. 重庆大学学报（社会科学版），2012，18（1）：5－11.

[7] 蔡宁，吴结兵. 产业集群企业网络体系：系统建构与结构分析［J］. 重庆大学学报（社会科学版），2006，12（2）：9－14.

[8] 蔡宁，杨闩柱，吴结兵. 企业集群风险的研究：一个基于网络的视角［J］. 中国工业经济，2003（4）：59－64.

[9] 曹丽莉. 产业集群网络结构的比较研究［J］. 中国工业经济，2008（8）：143－153.

[10] 陈春丽. 基于企业家网络的内创业模式选择研究［D］. 浙江大学，2008.

[11] 陈铁军. 产业群的创业机会如何把握［J］. 浙江经济，2012（12）：52.

[12] 陈新跃，杨德礼. 企业创新网络的联结机制研究［J］. 研究与发展

管理，2002，14（6）：26－30.

［13］程博．我国中小企业企业家能力与企业投资行为关系及其实证研究［J］．科学学与科学技术管理，2010（2）：167－172.

［14］仇保兴．小企业集群研究［M］．上海：复旦大学出版社，1999.

［15］戴维奇．网络嵌入、公司创业与绩效［D］．浙江大学，2010.

［16］单标安，蔡莉，鲁喜凤，刘钊．创业学习的内涵、维度及其测量［J］．科学学究，2014，32（12）：1867－1875.

［17］邓汉慧，童丽珍，胡艺．创业政策与创业行为产生之探析［J］．统计与决策，2011（22）：161－164.

［18］刁贝娣等．中国淘宝村的空间分布格局及其影响因素［J］．热带地理，2017（1）.

［19］董本云．中小企业创新激励动因分析——以吉林省为例［J］．吉林工商学院学报，2010，26（6）：5－8.

［20］董俊武．动态能力演化的知识模型与一个中国企业的案例分析［J］．管理世界，2004，（4）：117－156.

［21］段文奇．网络市场环境下的新产品协同扩散研究［D］．上海交通大学，2006.

［22］方刚．基于资源观的网络能力与创新绩效关系研究［D］．浙江大学，2008.

［23］方世建，桂玲．创业、创业政策和经济增长——影响途径和政策启示［J］．科学学与科学技术管理，2009（8）：121－125.

［24］冯新勤．企业集群技术创新研究［D］．浙江师范大学，2006.

［25］葛笑春．企业与非营利组织的战略联盟：协同网络及其竞争优势研究［D］．浙江大学，2010.

［26］耿帅．共享性资源与集群企业竞争优势的关联性分析［J］．管理世界，2005（11）：112－119.

［27］郭钢．创业能力对创业绩效影响的实证研究［D］．硕士学位论文，西北大学，2016.

［28］何云景，刘瑛，李哲．创业政策与创业支持：基于系统优化的视角［J］．科学决策，2010（4）：65－73.

[29] 贺小刚，李新春．企业家能力与企业成长：基于中国经验的实证研究 [J]．经济研究，2005 (10)：101－111.

[30] 贺寨平．国外社会支持网络研究综述 [J]．国外社会科学，2001 (1)：76－82.

[31] 黄纯．基于焦点企业的集群风险传导与扩散研究——自组织行为的视角 [D]．浙江大学，2012.

[32] 贾宝强．公司创业视角下企业战略管理理论与实证研究 [D]．吉林大学，2007.

[33] 蒋春燕，赵曙明．社会资本和公司企业家精神与绩效的关系：组织学习的中介作用 [J]．管理世界，2006 (10)：90－99.

[34] 蒋东仁．产业集群创新的政府行为透析 [J]．科学学与科学技术管理，2006，(12)：61－65.

[35] 蒋剑勇，钱文荣，郭红东．农民创业机会识别的影响因素研究：基于968份问卷的调查 [J]．南京农业大学学报（社会科学版），2014 (1).

[36] 蒋长流，王晴．基于能力假说的企业创新外溢与创新激励分析 [J]．科技和产业，2007 (6)：1－3.

[37] 景云祥，卫家稳．对创业型经济的产生动因、基本特征、推进机制的再认识 [J]．前沿，2006 (12)：56－62.

[38] 雷兵，刘蒙蒙．农村电子商务产业集群的形成机制——基于典型淘宝村的案例分析 [J]．科技管理研究，2017 (11).

[39] 雷如桥，陈继祥，刘芹．产业集群网络作用机制研究 [J]．科学学与科学技术管理，2004 (12)：60－63.

[40] 李成金．装备制造业集群网络与地方政府作用研究 [J]．经济体制改革，2005 (6)：110－114.

[41] 李功网，罗余才．创业与产业集群的相互关系研究 [J]．科技管理研究，2011 (11)：202－204.

[42] 李继宏．强弱之外——关系概念的再思考 [J]．社会学研究，2003 (3)：42－50.

[43] 李林艳．社会空间的另一种想象——社会网络分析的结构视野 [J]．社会学研究，2004 (3).

[44] 李敏，杨建梅，欧瑞秋．中小企业集群的横向合作与技术创新激励研究［J］．科学学与科学技术管理，2007，28（7）：64－68.

[45] 李小群．基于双向选择的企业技术创新激励机制研究［J］．重庆科技学院学报（社会科学版），2009（11）：110－111.

[46] 李英，蒋录全．Pareto2Nash 混合策略下小世界网络中创新扩散模型仿真分析［J］．上海交通大学学报，2010（3）：345－348.

[47] 李垣，汪应洛．关于企业技术创新模式的探讨［J］．科学管理研究，1994（2）：43－45.

[48] 梁祺，张纯．社会网络影响个体创业意图的传导机制研究［J］．管理评论，2017（4）：61－69.

[49] 廖守亿，陈坚，陆宏伟，戴金海．基于 Agent 的建模与仿真概述［J］．计算机仿真，2008，25（12）：1－7.

[50] 刘春芝．集群式创新：以辽宁装备制造业发展为例［M］．北京：中国社会科学出版社，2005.

[51] 刘恒江，陈继祥．国外产业集群政策研究综述［J］．外国经济与管理，2004（11）：36－42.

[52] 刘杰，郑风田．社会网络，个人职业选择与地区创业集聚——基于东风村的案例研究［J］．管理世界，2011（6）：132－141.

[53] 刘井建．创业学习、动态能力与新创企业成长支持模式研究［J］．科学学与科学技术管理，2011，32（2）：127－132.

[54] 刘军．社会网络分析导论．北京：社会科学文献出版社，2004.

[55] 刘鹏，李先贤，王利娥．社会网络分析软件研究［J］．计算机科学，2015（12）.

[56] 刘田田．互动导向、创业学习与新创企业绩效关系研究［D］．硕士学位论文，燕山大学，2016.

[57] 刘晓敏．隐性知识获取、机会能力与创业绩效［J］．科技管理研究，2017，37（20）：117－123.

[58] 刘友今．企业技术创新论［M］．北京：中国经济出版社，2001.

[59] 刘友金，罗发友．基于焦点企业成长的集群演进机理研究——以长沙工程机械集群为例［J］．管理世界，2005，（10）：159－161.

[60] 柳卸林．企业技术创新管理 [M]．北京：科学技术文献出版社，1997.

[61] 罗发友．企业创新集群行为的演化动态与激励机制研究 [J]．生产力研究，2007 (3)：130－134.

[62] 罗家德．社会网络分析讲义 [M]．北京：社会科学文献出版社，2010.

[63] 罗友花．组织资源视角的集群企业国际化成长效应研究 [D]．中南大学，2009.

[64] 罗志恒．创业能力与企业绩效间的转化路径实证研究 [D]．吉林大学，2009.

[65] 吕文栋，朱华晟．浙江产业集群的动力机制——基于企业家的视角 [J]．中国工业经济，2005 (4)：86－93.

[66] 马歇尔．经济学原理 [M]．北京：商务印书馆，1964.

[67] 苗青．创业决策形成的微观机制：因果模型检验 [J]．科学学研究，2009，27 (3)：430－434.

[68] 潘建林．网络平台创业能力的内涵、维度及测量 [J]．高等工程教育研究，2017 (01)：48－54.

[69] 彭一林．创业与产业集群共同发展以及政策研究 [D]．华中科技大学，2006.

[70] 钱锡红，徐万里．创新扩散模型及修正综述 [J]．科技管理研究，2009 (2)：17－19.

[71] 丘海雄，徐建牛．产业集群技术创新中的地方政府行为 [J]．管理世界，2004 (10)：36－46.

[72] 权慧．创业者创业模式实证研究——以扬州市为例 [D]．扬州大学，2007.

[73] 任萍．新企业网络导向、资源整合与企业绩效关系研究 [D]．吉林大学，2011.

[74] 萨克森宁．地区优势：硅谷和128公路的文化与竞争 [M]．上海：上海远东出版社，1999.

[75] 尚泉泉．基于创业过程的创业政策研究 [J]．山西财经大学学报

（高等教育版），2010，13（2）：85－88.

［76］史晋川．温州模式的历史制度分析——从人格化交易与非人格化交易视角的观察［J］．浙江社会科学，2004（2）：16－20.

［77］孙彬，王东．扎根理论下的电子商务创业风险干预模型［J］．技术经济，2018（1）：50－58.

［78］斯科特．社会网络分析方法［M］．重庆：重庆大学出版社，2007.

［79］斯科特著，刘军译．社会网络分析方法［M］．重庆：重庆大学出版社，2007.

［80］孙玉青，赵艳萍．集群内创业网络对创业资源的影响研究［J］．科技进步与对策，2011，28（8）：52－54.

［81］谭劲松，何铮．集群自组织的复杂网络仿真研究［J］．管理科学学报，2009（8）：1－14.

［82］谭劲松，何铮．集群研究文献综述及发展趋势［J］．管理世界，2007（12）：140－147.

［83］唐根年，徐维祥，罗民超．浙江区域块状经济地理空间分布特征及其产业优化布局研究［J］．经济地理，2003，23（4）：457－461.

［84］唐靖，姜彦福．创业能力概念的理论构建及实证检验［J］．科学学与科学技术管理，2008（8）：52－57.

［85］田钢，张永安．集群创新网络演化的动力模型及其仿真研究［J］．科研管理，2010（1）：104－115.

［86］汪良军．企业家的衍生创业决策分析［J］．经济论坛，2007（13）：105－106.

［87］王朝云，梅强．产业集群中的创业要素与创业活动分析［J］．科技进步与对策，2011（1）：45－51.

［88］王传宝．全球价值链视角下地方产业集群升级机理研究［D］．华中科技大学，2009.

［89］王会龙．创业者素质与中小企业创业过程研究［D］．浙江工业大学，2004.

［90］王建中．创业机会、资源整合能力与创业绩效：一个概念性框架的构建［J］．中国市场，2011（46）：71－73.

[91] 王晶晶，乔改霞．中国学者对创业机会的研究现状与展望 [J]．郑州航空工业管理学院学报，2012，30 (1)：131－135.

[92] 王霄宁，王铁．新经济社会学视角下基于社会网络分析的产业集群定量化研究 [J]．探索，2005 (3)：95－99.

[93] 王晓娟．知识网络与集群企业竞争优势研究 [D]．浙江大学，2007.

[94] 王旭，朱秀梅．创业动机、机会开发与资源整合关系实证研究 [J]．科研管理，2010，5 (31)：54－60.

[95] 王玉帅，黄娟，尹继东．创业政策理论框架构建及其完善措施——创业过程的视角 [J]．科技进步与对策，2009 (10)：112－115.

[96] 魏江．产业集群——创新系统与技术学习 [M]．北京：科学出版社，2003：177.

[97] 温伟祥．网络视角下集群企业创业导向及其与绩效的关系研究 [D]．浙江大学，2008.

[98] 吴道友．企业内创业能力与企业绩效关系的构思研究 [J]．科技进步与对策，2005 (10)，58－60.

[99] 吴明隆．SPSS 统计应用实务一问卷分析与应用统计 [M]．北京：科学出版社，2003.

[100] 奚丽娟．集群环境下企业采用行为及技术创新扩散模型研究 [D]．河北工业大学，2006.

[101] 项后军，江飞涛．核心企业视角的集群竞合关系重新研究 [J]．中国工业经济，2010 (6)：137－146.

[102] 谢雅萍，陈睿君，王娟．直观推断调节作用下的经验学习、创业行动学习与创业能力 [J]．管理学报，2018，15 (1)：57－65.

[103] 谢雅萍，黄美娇．创业学习、创业能力与创业绩效——社会网络研究视角 [J]．经济经纬，2016，33 (01)：101－106.

[104] 谢雅萍，黄美娇．社会网络、创业学习与创业能力——基于小微企业创业者的实证研究 [J]．科学学研究，2014，32 (3)：400－409，453.

[105] 谢竹云，茅宁，赵成国．创业行为、动态能力与组织绩效 [J]．现代管理科学，2009 (2)：14－16.

［106］徐二明．公司型创业战略［J］．南开学报，2004（1）：17-18.

［107］徐明．基于能力资源的企业竞争行为分析［J］．统计与决策，2004（11）：147-148.

［108］薛靖，谢荷锋．知识转换能力、网络中心性对个人创新行为影响的研究［J］．技术经济，2006，25（5）：85-88.

［109］颜士梅，王重鸣．创业的机会观点：存在、结构和构造思路［J］．软科学，2008（2）：23-25.

［110］杨俊，张玉利．基于企业家资源禀赋的创业行为过程分析［J］．外国经济与管理，2004，26（2）：2-6.

［111］杨俊．基于创业行为的企业家能力研究——一个基本分析框架［J］．外国经济与管理，2005，27（4）：28-35.

［112］杨俊，薛红志，牛芳．先前工作经验、创业机会与新技术企业绩效：一个交互效应模型及启示［J］．管理学报，2011，6（1）：116-125.

［113］杨萍．自主创新内涵与创新激励的公共政策支持体系建设［J］．天府新论，2008（6）：66-69.

［114］姚先国，温伟祥，任洲麒．企业集群环境下的公司创业研究——网络资源与创业导向对集群企业绩效的影响［J］．中国工业经济，2008（3）：84-92.

［115］叶峥，郑健壮．集群企业网络特征与创业行为：基于创业能力的实证研究［J］．科研管理，2014（1）：58-65.

［116］张存刚，李明，陆德梅．社会网络分析——一种重要的社会学研究方法［J］．甘肃社会科学，2004（2）：109-111.

［117］张秀娥，赵敏慧．创业成功的内涵、维度及其测量［J］．科学学研究，2018，36（03）：474-483.

［118］张秀娥，赵敏慧．创业学习、创业能力与创业成功间关系研究——经典模型及相关研究评价与展望［J］．外国经济与管理，2017，39（7）：51-64.

［119］张玉利，王晓文．先前经验、学习风格与创业能力的实证研究［J］．管理科学，2011，24（3）：1-12.

［120］张云月．集团型企业技术创新激励策略研究与实践［J］．科技创新导报，2010（5）：227-228.

[121] 赵敏慧. 创业学习对创业成功的作用机制研究[D]. 博士学位论文, 吉林大学, 2018.

[122] 赵全超, 汪波, 王举颖. 基于创新型产业集群的创新型城市政府治理机制研究 [J]. 北京理工大学学报 (社会科学版), 2007 (4): 58-61

[123] 赵正龙. 基于复杂社会网络的创新扩散模型研究 [D]. 上海交通大学, 2008.

[124] 赵正龙等. 具有差异化选择特征的复杂社会网络扩散研究 [J]. 管理科学学报, 2010 (3): 38-49.

[125] 赵正龙等. 邻居效应下的复杂社会网络扩散 [J]. 系统管理学报, 2008 (5): 490-497.

[126] 郑风田, 程郁. 创业家与我国农村产业集群的形成与演进机理——基于云南斗南花卉个案的实证分析 [J]. 中国软科学, 2006 (1): 100-107.

[127] 郑健壮. 基于资源整合理论的制造业集群竞争力研究 [M]. 武汉: 武汉理工大学出版社, 2005.

[128] 郑健壮, 叶峥. 基于资源观的产业集群政策研究 [M]. 上海: 上海三联出版社, 2007.

[129] 郑健壮. 产业集群政策理论综述及其对我国集群发展的启示 [J]. 管理观察, 2009 (4): 121-123.

[130] 郑军. 中小企业集群创新网络结构对创新的影响研究——以乐清工业电气集群为例 [D]. 浙江工商大学, 2011.

[131] 周金平. 创业者先前经验、创业能力与创业绩效的实证研究 [D]. 安徽财经大学, 2015.

[132] 周涛, 傅忠谦, 牛永伟, 王达, 曾燕, 汪秉宏, 周佩玲. 复杂网络上传播动力学研究综述 [J]. 自然科学进展, 2005, 15 (5): 513-518.

[133] 周小虎, 陈传明. 企业社会资本与持续竞争优势 [J]. 中国工业经济, 2004 (5): 90-96.

[134] 朱国宏. 经济社会学 [M]. 上海: 复旦大学出版社, 1999.

[135] 朱浩义. 集群网络结构对集群网络功能的影响研究 [D]. 浙江大学, 2005.

[136] Acs, Z. J., Szerb, L. Entrepreneurship, economic growth and public policy [J]. Small Business Economics, 2007, 28 (2): 109 - 122.

[137] Adler, P. S., Kwon, S. Social capital: Prospects for a new concept [J]. Academy of Management Review, 2002, 27 (1): 17 - 40.

[138] Ahuja, G. Collaboration networks, struetural holes and innovation: a longitudinal study [J]. Administrative Seienee Quarterly, 2000, (45): 425 - 455.

[139] Akifumi Kuchiki. A Flowchart Approach to Asia's Industrial Cluster Policy [EB/OL]. http: //dakis. fasid. or. jp/report/pdf/handout28. pdf, 2005 - 12 - 30.

[140] Albert, R. and Barabási, A. L. Statistical mechanics of complex networks [J]. Reviews of Modern Physics. 2002, 74 (1): 173 - 187.

[141] Alchian A. Uncertainty, Evolution and Economics Theory [J]. Journal of Political Economy, 1950 (58): 21 - 211.

[142] Aldrich, H., Zimmer, C. Entrepreneurship through social networks [J]. The art and science of entrepreneurship, 1986: 3 - 23.

[143] Aldrich, H., Reece, P. Does networking pay off? A panel study of entrepreneurs in the research triangle [J]. Frontiers of entrepreneurship research. 1993 (3): 199 - 210.

[144] Allen, P. M., McGlade, J. M. Dynamics of discovery and exploitation: The scotian shelf fisheries [J]. Canadian Journal of Fishing and Aquatic Science, 1986 (43): 1187 - 1200.

[145] Alvarez S., Barney J. B. Entrepreneurial capabilities: a resource-based view [M]. Entrepreneurship as Strategy: Competing on the Entrepreneurship Edge, by Sage Publications Inc. 2000.

[146] Amit R., Muller E. Push and pull entrepreneurship [J]. Journal of Small Business and Entrepreneurship, 1995, 12 (4): 82 - 97.

[147] Amit, R., Glosten, L., Muller, E. Challenges to theory development in entrepreneurship research [J]. Journal of Management Studies, 1993, 30 (5): 810 - 815.

[148] Anastasios G. Karamanos. Complexity, Identity and the Value of Knowledge – intensive Exchanges [J]. Journal of Management Studies. 2003: 1871 – 1890.

[149] Ardichvili, A., Cardozo, R., Ray, S., A Theory of Entrepreneurial Opportunity Identification and Development [J]. Journal of Business Venturing, 2003.

[150] Atsan, N. Failure experiences of entrepreneurs: causes and learning outcomes [J]. Procedia – Social and Behavioral Sciences, 2016, 235 (2): 435 – 442.

[151] Awa H. O., Nwibere B. M. and Inyang B. J. The uptake of electronic commerce by SMEs: a meta theoretical framework expanding the determining constructs of TAM and TOE frameworks [J]. Journal of Global and Business Technology, 2010, 6 (1): 1 – 27.

[152] Bain J. Industrial Organization [M]. New York. 1968.

[153] Banerjee A. V. A simple model of herd behavior [J]. The Quarterly Journal of Economics. 1992, 107 (3): 341 – 355.

[154] Baptista, R. Do innovations diffuse faster within geographical clusters? [J]. International Journal of Industrial Organization, 2000, 18: 515 – 535.

[155] Barabasi, A – L., Albert, R., Jeong H. Mean – field theory for scale-free random networks [J]. Physica A, 1999, 272: 173 – 187.

[156] Barnes, J. A. Graph theory in network analysis [J]. Social Networks, 1983 (5): 235 – 244.

[157] Baron, R. A. The Cognitive Perspective: A Valuable Tool for Answering Entrepreneurship's Basis Why Questions [J]. Journal of Business Venturing, 2004, 19: 221 – 239.

[158] Baum, J., Dutton, J. Introduction: The embeddedness of strategy [J]. Advances in Strategic Management, 1996, 13: 1 – 15.

[159] Bell G. Clusters, networks and firm innovativeness [J]. Strategic Management Journal, 2005, 26 (3): 410 – 429.

[160] Bikhchandani S., Hirshleifer D., Welch I. A theory of fads, fashion, custom and cultural change as informational cascades [J]. Journal of Political

Economy, 1992, 100 (5): 523 - 540.

[161] Birley S. The role of networks in the entrepreneurial process [J]. Journal of Business Venturing, 1985 (1): 107 - 110.

[162] Boccalettia, S., Latorab, C. V., Morenod, E. Y., Chavezf, D. M., Hwang., U. Complex networks: Structure and dynamics. Physics report, 2006, 424: 211 - 230.

[163] Bresnahan. T. A. Gambardella and A. Saxenian. 'Old Economy' Inputs for 'New Economy' Outcomes: Cluster Formation in the New Silicon Valleys [J]. Industrial and Corporate Change. 2001 (10): 835 - 860.

[164] Bruderl, J., Preisendorfer, P. Network support and the success of newly founded businesses [J]. Small Business Economics, 1998, 10 (3): 213 - 225.

[165] Brush C. G., Greene P. G., Hart. M. From initial idea to unique advantage: the entrepreneurial challenge of constructing a resource base [J]. Academy of Management Executive, 2001, 15 (1): 64 - 78.

[166] Burgoyne, J. G. The competence movement: issues, stakeholders and prospects [J]. Personnel Reviews, 1993, 22 (6): 6 - 13.

[167] Burt, R. Structural Holes: The social structure of competition [M]. Cambridge, MA: Harvard University Press, 1992.

[168] Burt, R. Toward a structural theory of action [M]. New York: Academic Press, 1982.

[169] Busenitz L. W, West, P., Shepherd, D. Entrepreneurship in emergence: Past trends and future directions [J]. Journal of Management, 2003, 29 (3): 295 - 308.

[170] Butler, J., Hansen, G. S. Network Evolution, Entrepreneurial Success, and Regional Development [J]. Entrepreneurship and Regional Development, 1991 (3): 1 - 16.

[171] Butler. J. E., Phan, P., Hansen, G. S. Strategic alliances through interorganizational networks: a path to entrepreneurial success? [J]. Frontiers of Entrepreneurship Research, 1990: 525 - 538.

[172] Chandler G. N., Lyon D. W. Involvement in knowledge acquisition activities by venture team members and venture performance [J]. Entrepreneurship Theory and Practice, 2009, 33 (3): 571 –592.

[173] Chandler G. N., Jansen E. The founder's self-assessed competence and venture performance [J]. Journal of Business Venturing. 1992, 7 (3): 223 –236.

[174] Chandler, G. N., Hanks, S. H. Founder competence, the environment, and venture performance [J]. Entrepreneurship Theory and Practice, 1994, 18 (3): 77 –89.

[175] Chen C. C., Greene P. G. Crick A. Does entrepreneurial self-efficacy distinguish entrepreneurs from managers? [J]. Journal of Business Venturing, 1998, 13 (3): 295 –316.

[176] ChiaHan Yang, Joseph Z. Shyu, Yimin Li. A Dynamic Analysis of Industrial Cluster Evolution Based on Lotka – Volterra Model: Studies of Southern and Central Taiwan Science Park [C]. AIP Conf. PROC, 2009, Vol. 1148: 514 – 517.

[177] Childers, J. Stephen, Offstein, Evan H. Evan. Building Entrepreneurial E-commerce Competitive Advantage: A Blending of Theory and Practice [J]. Advances in Competitiveness Research: 2007 (15): 182 – 199.

[178] Chiles T. H., Meyer A. D., Hench T. J. Organizational emergence: The origin and transformation of Branson, Missour's musical theaters [J]. Organization Science. 2004, 15 (5): 137 – 152.

[179] Christensen, P. S., Peterson, R. Opportunity Identification: Mapping the Sources of New Venture Ideas [C]. Paper Presented at the 10th Annual Babson Entrepnrnetrrsltip Conference, Denmark: Aarhus University Insitute of Management, 1990.

[180] Chung, Lai Hong and Patrick T. Gibbons. Corporate entrepreneurship: the roles of ideology and social capital [J]. Group and Organization Manage Organization Management, 1997, 22 (1): 10 –30.

[181] Collins J. Cultural Diversity and Entrepreneurship: Policy Responses to

Immigrant Entrepreneurs in Australia [J]. Entrepreneurship and Regional Development, 2003, (15): 88 - 102.

[182] Collins, J. D. , Hitt, M. A. Leveraging Tacit Knowledge in Alliances: the Importance of Using Relational Capabilities to Build and Leverage Relational Capital [J]. Journal of Engineering and Technology Management, 2006, 23: 147 - 167.

[183] Conner, K. , Prahalad, C. A resource-based theory of the firms: Knowledge versus opportunism [J]. Organization Science, 1996, 7 (5): 477 - 501.

[184] Cristina Boari. Industrial Clusters, Focal Firms and Economic Dynamism: A Perspective from Italy [R]. Working Paper for World Bank Institute, 2001 (124): 1 - 18.

[185] Dasgupta P. , Stiglitz J. Industrial structure and nature of innovative activity [J]. Economic Journal, 1980 (9): 266 - 293.

[186] Davidsson P. Entrepreneurial opportunities and the entrepreneurship nexus: a re-conceptualization [J]. Journal of Business Venturing, 2015 (30): 674 - 695.

[187] Davidsson, P. , Honig, B. The Role of Social and Human Capital among Nascent Entrepreneurs [J]. Journal of Business Venturing, 2003, 18 (3): 301 - 331.

[188] Dei Ottati, G. Prato and its Evolution in a European Context. In R. Leonardi and R. Nanetti, eds. Regional Development in a Modern European Economy: The Case of Tuscany. London: Pinter. 1994.

[189] Dess, G. G. , LumPkin, J. G. , Covin, J. G. Entrepereneurial Strategy Making and Firm Performance: Tests of Contingency [J]. Strategic Management Journal, 1997, 18 (9): 677 - 695.

[190] Eisenhardt, K. M. and Martin, J. A. Dynamic capabilities: what are they? [J]. Strategic Management Journal, 2000, 21 (10 - 11): 1105 - 1121.

[191] Elgazzar, A. S. Applications of small - world networks to some socio - economic systems [J]. Physica A, 2003, 324: 402 - 407.

[192] Enright, M. Regional Clusters and Economic Development: A Research Agenda [C]. Paper Presented to the Conference on Regional Clusters and Business Networks 1993, Fredericton, New Brunswick, Canada revised version 1995.

[193] Feldman, M. P. The new economics of innovation, spillovers and agglomeration: a review of empirical studies [J]. Economics of Innovation and New Technology, 1999, (8): 5 – 25.

[194] Feldman. M. P. The Entrepreneurial Event Revisited: Firm Formation in a Regional Context [J]. Industrial and Corporate Change. 2001 (10): 861 – 891.

[195] Fioretti, G., Information structure and behavior of textile industrial district [J]. Journal of Artificail Societies and Social Simulation [J/OL]. 2001, 4 (4).

[196] Flaminio Squazzoni and Riccardo Boero. Economic Performance, Inter – Firm Relations and Local Institutional Engineering in a Computational Prototype of Industrial Districts [J]. Journal of Artificial Societies and Social Simulation. 2002, 5 (1): 40 – 58.

[197] Floyd, S. W., Wooldridge, B. Knowledge creation and social Networks in Corporate Entrepreneurship: The Renewal of organizational Capability [J]. Entrepreneurship Theory and Practice, 1999, Spring: 169 – 198.

[198] Foss, N. J. Knowledge – based Approach to the Theory of the Firm: Some Critical Comments [J]. Organization Science, 1996 (7): 470 – 476.

[199] Francesca Giardini, Gennaro Di Tosto, Rosaria Conte. A Model for Simulating Reputation Dynamics in Industrial Districts [J]. Simulation Modeling Practice and Theory. 2008 (16): 360 – 381.

[200] Francis. D. H., Sandberg. W. R. Friendship within entrepreneurial teams and its association with team and venture performance [J]. Entrepreneurship: Theory and Practice, 2000.

[201] Freeman, C. Networks of innovators: a synthesis of research issues [J]. Research Policy, 1999 (20): 499 – 514.

[202] Freeman, L. Centrality in social networks conceptual clarification [J]. Social networks, 1979, 1 (3): 215 – 239.

[203] Galina Daraganova, Pip Pattison, Johan Koskinen, Bill Mitchell, Anthea Bill, Martin Watts, Scott Baum. Networks and geography: Modelling community network structures as the outcome of both spatial and network processes [J]. Social Networks. 2012, 34 (1): 122 – 131.

[204] Garcia, Rosanna, Zhao, Meng and Calantone, Roger. The Premature Release of Next Generation Technologically Ad – vancing Products [C]. Paper presented at: Informs 251hMarketing Science Conference, College Park, MD, 2003, June 12 – 15.

[205] Garvin D. A. Spin – offs and the new firm formation process [J]. California Management Review, 1983, 25 (2): 3 – 20.

[206] Gersbach, H. , Schmutzler, A. External Spillovers, Internal Spillovers and the Geography of Production and Innovation [J]. Regional Science and Urban Economics, 1999 (99): 679 – 696.

[207] Gartner W. B. "Who is an Entrepreneur" is the Wrong Question [J]. American Journal of Small Business, 1988.

[208] Giaccaria, P. An agent-based simulation methods for the modeling of an industrial district [J]. Sviluppo Locale, 1997 (4): 131 – 171.

[209] Gomes Casseres, B. Groups Versus Groups: How Alliance Network Compete [J]. Harvard Business Review, 1994, 72 (4): 62 – 74.

[210] Grandori, A. Inter – firm networks: Organization and industrial Competitiveness [M]. London: Routledge, 1999.

[211] Granovetter M. Threshold models of collective behavior [J]. American Journal of Sociology. 1978, 83 (6): 99 – 121.

[212] Granovetter, M. Economic action and social structure: The problem of embeddedness [J]. American Journal of Sociology, 1985, 91 (3): 481 – 510.

[213] Granovetter, M. The strength of weak ties: A network theory revisited [J]. Sociological Theory, 1983 (1): 201: 233.

[214] Granovetter, M. The Strength of Weak Ties [J]. American Journal of

Sociology, 1973, 78: 1360 – 1380.

[215] Guido Fioretti. Agent – Based Models of Industrial Clustersand Districts. University of Bologna [R]. Working paper, 2005: 78 – 98.

[216] Guido Fioretti. Information structure and behavior of a textile industrial district [J]. Journal of Artificial Societies and Social Simulation, 2001, 4 (4): 123 – 135.

[217] Gulati, R. Alliances and networks [J]. Strategic Management Joumal, 1998. 19 (4): 293 – 317.

[218] Gulati, R., Nohria, N., Zaheer, A. Strategic networks [J]. Strategic Management Journal, 2000, 21 (3): 203 – 215.

[219] Guth, W. D., Ginsberg, A. Corporate entrepreneurship [J]. Strategic Management Journal, 1990 (11): 5 – 15.

[220] Hagedoom, J. Understanding the cross – level embeddedness of interfirm partllership formation [J]. Academy of Management Review, 2006, 31 (3): 670 – 680.

[221] Hakansson H., Ford D. How Should Companies Interact in Business Networks? [J] Journal of Business Research, 2002, 55 (2): 83 – 101.

[222] Hansen, E. L. Entrepreneurial Network and New Organization Growth [J]. Entrepreneurship Theory and Practice, 1995, 19 (4): 7 – 13.

[223] Harrison, B. Lean and Mean: The Changing Landscape of Corporate Power in the Age of Flexibility, Basicbooks (Harper – Collins), New York, 1994.

[224] Hart, David M. Entrepreneurship Policy, Chapterl: Entrepreneurship Policy: What it is and Where it Came from [M]. New York: Cambridge University Press, 2003.

[225] Hideki Yamawaki. The Evolution and Structure of Industrial Clusters in Japan [J]. Small Business Economics, 2002, 18: 121 – 1401.

[226] Hoang, H., Antoncic, B. Network – based research in entrepreurship: A critical review [J]. Journal of Business Research, 2003 (18): 165 – 187.

[227] Holland, J. H. Hidden, O. How adaptation builds complexity [M]. New York: Perseus Books, 1995.

[228] Homsby, J. S., Naffziger, D. W., Kuratko, D. F., Montagno, R. V. An interactive model of the corporate entrepreneurship process [J]. Entrepreneurship Theory and Practice, 1993, 17 (2): 57 -64.

[229] Ibarra, H. Network centrality, power, and innovation involvement: Determinants of technical and administrative roles [J]. Academy of Management Journal, 1993, 36 (3): 471 -501.

[230] Ina Drejer, Frank Skov Kristensen and Keld Laursen, Cluster Studies as a Basic for Industrial Policy: the Case of Denmark [J]. Industry and Innovation, 1999 (2), December: 171 -190.

[231] Inkpen, A. C., Beamish, P. W. Knowledge, bargaining power and the instability of international joint ventures [J]. Academy of Management Review, 1997, 22 (1): 177 -202.

[232] Ireland, R. D., Hitt, M. A., Sirmon, D. G. A model of strategic entrepreneurship: the construct and its dimensions [J]. Journal of Management, 2003 (29): 963 -989.

[233] James Agarwal, Terry Wu. Growth Potential of E – Commerce in Emerging Economies: An Institution Based on Framework and Research Propositions [J]. Thunderbird International Business Review, 2015, 57 (3).

[234] Joyce P., Winch G. An e-business design and evaluation framework based on entrepreneurial, technical and operational considerations [J]. Electronic Business, 2005 (3).

[235] Karmeshu G. D. Stochastic evolution of innovation diffusion in heterogeneous groups: Study of life cycle patterns [J]. IMA Journal of Management Math 2001, 12 (2).

[236] Katz, J., Gartner, W. B. Properties of emerging organizations [J]. Academy of Management Reviews, 1988, 13 (3): 429 -441.

[237] Kenney, M. and U. von Burg. Technology, Entrepreneurship and Path Dependence: Industrial Clustering in Silicon Valley and Route 128 [J]. Industrial

and Corporate Change, 1999, (8): 67 - 103.

[238] Kirzner, I. M. Competition and Entrepreneurship [M]. Chicago and London, The University of Chicago Press, 1973.

[239] Kirzner, I. M. Entrepreneurial Discovery and the Competitive Market Process: an Austrian Approach [J]. Journal of Economic Literature, 1997.

[240] Knight, G. A. Strategy and entrepreneurship in a developing free trade area [J]. International Journal of Management, 1997, 14 (2): 237 -249.

[241] Knoke, D., Kuklinski, J. H. Network Analysis [M]. Beverly Hills, Calif: Sage, 1982.

[242] Kogut B. Joint venture: the oretical and empirical perspectives [J]. Strategic Management Journal, 1998, 9 (4): 319 -332.

[243] Krugman, P. Increasing Returns and Economic Geography [J]. Journal of Political Economy, 1991 (99): 483 -499.

[244] Kyndt, E. and Baert, H. Entrepreneurial competencies: assessment and predictive value for entrepreneurship [J]. Journal of Vocational Behavior, 2015, 90: 13 -25.

[245] Lagendijk, A. Innovative Forms of Regional Structural policy in Europe: the Role of Dominant Concepts and Knowledge Flows. In: Fischer, M. M., et al. (Eds.), Networks and Localities [M]. Springer, Berlin, 1999: 272 - 299.

[246] Larson, A. Network Dyads in Entrepreneurial Settings: A Study of the Governance of Exchange Relationships [J]. Administrative Science Quarterly, 1992, 37: 76 -104.

[247] Lumpkin, G. T. and Lichtenstein, B. B. The role of organizational learning in the opportunity-recognition process [J]. Entrepreneurship: Theory and Practice, 2005, 29 (4): 451 -472.

[248] Lumpkin, G. T., Dess, G. G. Linking two dimensions of entrepreneurial orientation to firm performance: The moderating role of environment and industry life cycle [J]. Journal of Business Verturing, 2001, 16 (5): 429 -451.

[249] Lundstrom A., Stevenson L. Entrepreneurship policy for the future

[R]. Swedish Foundation for Small Business Research, Stockholm, Sweden, 2001: 289.

[250] Lynn Mytelka, Fulvia Farinelli. Local Clusters, Innovation Systems and Sustained Compositeness [J]. The United Nations University. A Adapted from Uncatan, 1998.

[251] Man T. W. Y. Entrepreneurial competencies of SME owner/managers in the Hong Kong services sector: A qualitative analysis [J]. Journal of Enterprising Culture, 2000, 8 (3): 235-254.

[252] Man T. W. Y. Exploring the behavioral patterns of entrepreneurial learning: a competency approach [J]. Education Training, 2006, 48 (5): 309-321.

[253] Manski C. Economic analysis of social interactions [J]. Journal of Economic Perspectives, 2000, 14 (3): 115-136.

[254] Marsden, P., Campbell, K. Measuring tie strength [J]. Social Forces, 1984, 63 (2): 482-501.

[255] McEvily, B., Zaheer, A. Bridging ties: A source of firm heterogeneity in competitive capabilities [J]. Strategic Management Journal, 1999, 20 (12): 1133-1156.

[256] Michael Abebe. Electronic commerce adoption, entrepreneurial orientation and small and medium sized enterprise (SME) performance [J]. Journal of Small Business and Enterprise Development, 2014 (21).

[257] Miller, D., Friesen, P. H. Innovation in conservative and entrepreneurial firms: Two models of strategic momentum [J]. Strategic Management Journal, 1982, 3 (1): 1-25.

[258] Miller, D. The correlates of entrepreneurship in three types of firms [J]. Management Science, 1983, 29 (7): 770-791.

[259] Minniti M., Bygrave W. A Dynamic model of entrepreneurial learning [J]. Entrepreneurship Theory and Practice, 2001, 25 (3): 5-16.

[260] Molina A., Ponguta S. An information model to research the core competencies of Virtual Industry Clusters [R]. Research Report, WZL Ilachen, 1997.

[261] Molina A., Ponguta S. An information model to research the core competencies of virtual industry clusters [J]. Research Report, 1997 (15).

[262] Morris S. Contagion [J]. Review of Economic Studies. 2000, 67 (1): 58 -71.

[263] Mulder, M., Lans, T. and Verstegen, J. et al. Competence development of entrepreneurs in innovative horticulture [J]. Journal of Workplace Learning, 2007, 19 (1): 32 -44.

[264] Nanu Ahedo. Cluster Policy in the Basque Country (1991 - 2002): Constructing ' Industry—Government ' Collaboration through Cluster—associations [J]. European Planning Studies, 2004 (8), December: 1097 -1113.

[265] Newman, M. E. J. The structure and function of complex networks [J]. SIAM Review. 2003, 45 (2): 245 -262.

[266] Ostgaard, T. A., Birley, S. New Venture Growth and Personal Networks [J]. Journal of Business Research, 1996, 36 (1): 37 -50.

[267] Parry, S. B. Just what is a competency? [J]. Training, 1998, 35 (6): 58 -61.

[268] Pastor Satorras, R., Vespignani, A. Epidemic dynamics and endemic states in complex networks [J]. Physical Review E, 2001, 63: 66 -117.

[269] Perry Smith, J. E., Shalley, C. E. The social side of creativity: A static and dynamic social network perspective [J]. Academy of Management Review, 2003, 28 (1): 89 -106.

[270] Peter M. Allen and Jacqueline M. McGlade. Modeling complex human systems: A fisheries example [J]. European Journal of Operations Research, 1998, 30: 147 -167.

[271] Philip Raines. The Cluster Approach and the Dynamics of Regional Policy - Making [R]. Regional and Industrial Policy Research Paper, Number 47, September, 2001.

[272] Pietrobelli, C. The Socio - economic Foundations of Competitiveness: An Econometric Analysis of Italian Industrial District [J]. Industry and Innovation, 1998, 5 (2): 139 -159.

[273] Porter, M. E. The Competitive Advantage of Nations [M]. New York, Free Press, 1990.

[274] Porter, M. E. Cluster and the New Economics of Competition [J]. Harvard Business Review, 1998, 76 (6): 77 -90.

[275] Porter, M. E., Location, competition and economic development: Local clusters in a global economic [J]. Economic Development Quarterly, 2000, 14 (1): 15 -34.

[276] Powell, W. W., Neither Market nor Hierarchy: Network Forms of Organization [J]. Research in Organizational Behavior, 1991, 12: 295 -336.

[277] Powell, W. W., Koput, K. W., Smith - Doerr, L. Interorganizational Collaboration and the local of innovation-networks of learning in biotechnology [J]. Administrative Science Quarterly, 1996 (41): 116 -145.

[278] Priyanto, S. H. and Sandjojo, I. Relationship between entrepreneurial learning, entrepreneurial competencies and venture success: empirical study on SMEs [J]. International Journal of Entrepreneurship and Innovation Management, 2005, 5, (5): 454 -468.

[279] Pyke, F., Sengenberger, W. Industrial Districts and Local Economic Regeneration [J]. Geneva, International Institute for Labor Studies, 1992.

[280] Radulefebvre, M. and Rediencollot, R. "How to do things with words": the discursive dimension of experiential learning in entrepreneurial mentoring dyads [J]. Journal of Small Business Management, 2013, 51, (3): 370 - 393.

[281] Rae D. Entrepreneurial learning: a narrative-based conceptual model [J]. Journal of small Business and Enterprise Development, 2005, 12 (3): 323 - 335.

[282] Rahman, S. A., Amran, A., Ahmad, N. H. et al. Supporting entrepreneurial business success at the base of pyramid through entrepreneurial competencies [J]. Management Decision, 2015, 53 (6): 195 -216.

[283] Rallet, A., Torre, A. Is geographical proximity necessary in the innovation networks in the area of the global economy? [J] Geo Journal, 1999, 49

(4): 373 -380.

[284] Richard Boyatzis. Competent manager: a model for effective performance [M]. New York: John Wiley & Sons. 1982: 7, 8, 10, 21.

[285] Rodriguez, Achach M., Casillas L., Espinosa F. J. Diffusion of innovations in a social network under mixed Pa2 reto2Nash strategies [J]. Physica A, 2004, 335: 6712 -6760.

[286] Rogers, E. M., Diffusion of Innovations [M]. 4th. New York: The Free Press, 1995.

[287] Romo, F., Schwartz, M. The structural embeddedness of business decisions: The migration of manufacturing plants in New York Statc, 1960 to 1985 [J]. American Sociological Review, 1995, 60 (6): 874 -907.

[288] Rosanna Garcia. Use of Agent - Based Modeling in Innovation: New Product development Research [J]. The journal of product innovation management. 2005, 22: 380 -398.

[289] Rosanna Garcia. Use of Agent - Based Modeling in Innovation. New Product development Research [J]. The journal of product innovation management, 2005, 22.

[290] Rowley, T., Behrens, D., Krackhardt, D. Redundant governance structures: Ananalysis of structural and relational embeddedness in the steel and Semiconductor industries. Strategic Management Journal, 2000, 21 (3): 369 - 386.

[291] Rumelt, R., How much does industry matter? [J]. Strategic Management Journal, 1991 (12): 167 -185.

[292] Saini A., Johnson J. Organizational capabilities in e-commerce: An empirical investigation of e-brokerage service providers [J]. Journal of the Academy of Marketing Science, 2005, 33 (3): 360 -375.

[293] Sarasvathy S. D. Causation and effectuation: Towards a theoretical shift from economic inevitability to entrepreneurial contingency [J]. Academy of Management Review, 2001, 26, (2): 243 -288.

[294] Saxenian, A. The Origins and Dynamics of Production Networks in Sil-

icon Valley [J]. Research Policy, 1991, 20 (5): 423 -437.

[295] Schumpeter, J. A. Theory of economic development [M]. Cambridge: Harvard University. 1934.

[296] Scott Shane. Prior knowledge and the discovery of entrepreneurial opportunities [J]. Organization science. 2000 (92): 33 -46.

[297] Shane, S. , Locke E. A. and Collins C. J. Entrepreneurial Motivation [J]. Human Resource Management Review, 2003, 13: 257 -279.

[298] Shane, S. , Venkatraman, S. The promise of entrepreneurship as a field of research [J]. Academy of Management Review, 2000, 25 (1): 217 -226.

[299] Shane, S. A General Theory of Entrepreneurship: the Individual - Opportunity Nexus [M]. Cheltenham, UK: Edward Elgar, 2003.

[300] Sharma, P. , Chrisman, J. Toward a reconciliation of the definitional isses in the field of corporate entrepreneurship [J]. Entrepreneruship: Theory & Practice, 1999, 23 (3): 11 -27.

[301] Simsek, Z. , Lubatkin, M. H. , Veiga, J. F. , Dino, R. N. The role of an entrepreneurially alert information system in promoting corporate entrepreneurship [J]. Journal of Business Research, 2008, 62 (8): 810 -817.

[302] Simsek, Z. , Lubatkin, M. H. , Floyd, S. W. Interfirm networks and entrepreneurial behavior: A structural embeddedness perspevtive [J]. Journal of Management, 2003, 29 (3): 427 -442.

[303] Singh, R. P. Entrepreneurial Opportunity Recognition through Social Networks [D]. University of Illinois Doctoral Dissertation, 1998.

[304] Smitka, M. J. Competitive ties: Subcontracting in the Japanese automotive industry [M]. Columbia University Press, 1991.

[305] Sparrowe, R. T. , Liden, R. C. , Wayne, S. J. and Kraimer, M. L. Social networks and the performance of individu als and groups [J]. Academy of Management Journal, 2001, 44 (2): 316 -325.

[306] Spender, J. Making knowledge the basis of a dynamic theory of the firm [J]. Strategic Management Journal, 1996, 17 (Special Issue): 45 -62.

[307] Steinfield C., Scupola - Hugger A. When Do SMEs Benefit from E - Commerce in an Industrial Cluster? Evidence from a Biotech Cluster [R]. Paper prepared for presentation at the APEC Symposium on Industrial clustering for SMEs, Taipei, March 7 - 9, 2008.

[308] Steinle, C., Schiel, H. When Do Industries Clusters? A Proposal on How to Assess an Industry's Propensity to Concentration at a Single Region or Nation [J]. Research policy, 2002, 31 (6), 849 - 858.

[309] Steinmetz, L. L. Critical Stages of Small Business Growth: When They Occur and How to Survive Them [J]. Business Horizons, 1969.

[310] Stevenson, H. H., Jarillo, J. C. A paradigm of entrepreneurship: Entrepreneurial management [J]. Strategic Management Journal, 1990. 11 (SPEC. ISSUE): 17 - 27.

[311] Stevenson, H. H., Roberts, M. J., Grousbeck, H. I. New business ventures and the entrepreneur [M]. Homewood, IL: Irwin, 1989.

[312] Stewman, A. B., Konda, S. L. Careers and organizational labor markets: Demographic models of organizational behavior [J]. American Journal of Sociology, 1983, 88 (4): 637 - 685.

[313] Storper, M. The Resurgence of Regional Economics Ten Years Later: the Region as a Nexus of Untraded Interdependence [J]. European Urban and Regional Studies, 1995 (2): 191 - 221.

[314] Strogatz, S. H. Exploring complex networks [J]. Nature, 2001, 410.

[315] Stuart, T. E., Sorenson, O. social networks and entrepreneurship [M]. Handbook of entrepreneurship research: Interdisciplinary perspectives. Springer, 2005.

[316] Tan, J. Growth of Industry Clusters and Innovation: Lessons from Beijing Zhongguancun Science Park [J]. Journal of Business Venturing, 2006, 21 (6): 827 - 850.

[317] Teece D. J., Pisano G., Shuen A. Dynamic capabilities and strategic management [J]. Strategic Management Journal, 1997, 18 (7): 509 - 533.

[318] Teece D. J. Explicating dynamic capabilities: The nature and micro-

foundations of (sustainable) enterprise performance [J]. Strategic Management Journal, 2007, 28 (13): 1319 -1350

[319] Teng, B. S. Corporate entrepreneurship activities through strategic alliances: A resource-based approach toward competitive advantage [J]. Journal of Management Studies, 2006: 1 -24.

[320] Timmons, J. A. Characteristics and role demands of entrepreneurship [J]. American Journal of Small Business. 1978, 3 (2): 5 -17.

[321] Timmons, J. A. Bygrave W. D., Venture Capital's Role in Financing Innovation for Economic Growth [J]. Journal of Business Venturing, 1986.

[322] Tseng, C. Connecting self-directed learning with entrepreneurial learning to entrepreneurial performance [J]. International Journal of Entrepreneurial Behavior and Research, 2013, 19 (4): 425 -446.

[323] Ulrich J., Frank E. The virtual web as a new entrepreneurial approach to network organizations [J]. Entrepreneurship & Regional Development, 1999 (11).

[324] Uzzi, B., Social Structure and Competition in Interfirm Networks: the Problem of Embeddedness [J]. Administrative Science Quarterly, 1997, 42 (1): 35 -67.

[325] Uzzi, B. Embeddedness in the making of financial capital: How social relations and networks benefit firms seeking financing [J]. American sociological review, 1999, 64 (4): 481 -505.

[326] Uzzi, B. The sources and consequences of embeddedness for the economic performance of organzations: The network effect [J]. American Sociology Review, 1996, 61 (4): 674 -698.

[327] Van Der Heijden H. Measuring IT core capabilities for electronic commerce [J]. Journal of Information Technology, 2001, 16 (1): 13 -22.

[328] Venkataraman S. A General Theory of Entrepreneurship: The Individual Opportunity Nexus [M]. Massachusetts: Edward Elgar Publishing, Inc. 2003.

[329] Vesper, K. H. New venture strategies [M]. Englewood Cliffs, NJ: Prentice - Hall. 1990.

[330] Vito Albino, Nunzia Carbonara, Ilaria Giannoccaro. Innovation in industrial districts: An agent-based simulation model [J]. International Journal of Product Economics, 2006, 10 (4): 30 – 45.

[331] Wagner, G. and Sternberg, R. Startup activities, individual characteristics, and the regional milieu: Lessons for entrepreneurship support policies from German micro data [J]. Ann. Reg. Sci., 2004, 38 (2): 219 – 240.

[332] Wang, C. L. Entrepreneurial Orientation, Learning Orientation and Firm Performance [J]. Entrepreneurship Theory and Practice, 2008, 32 (4): 635 – 656.

[333] Watts, D. J., Strogatz, S. H. Collective dynamics of 'small-world' networks [J]. Nature, 1998, 393: 440 – 442.

[334] Witt P. Entrepreneurs' networks and the success of start-ups [J]. Entrepreneurship & Regional Development, 2004, 16 (5).

[335] Wooldridge, J. M. Introductory Econometrics: A Modern Approach, Cincinnati, South – Western College Publishing, 2006.

[336] Ye Zheng, Jiang Le. Computer simulation of the entrepreneurial conduction in virtual e-business clusters, EURASIP Journal on Wireless Communication and Networking, 2018: 89. http://doi. org/10. 1186/s13638 – 018 – 1118 – 1.

[337] Yiu, D. W., Lau, C. M. Corporate entrepreneurship as resource capital configuration in emerging market firms [J]. Entrepreneurship Theory and Practice, 2008, 32 (1): 37 – 57.

[338] Young H. P. The Spread of Innovations by Social Learning, The Economy as a Complex Evolving System, 2003.

[339] Zahra S. A., George G. Absorptive capacity: a review, reconceptualization, and extension [J]. Academy of Management Review, 2002, 27 (2): 185 – 203.

[340] Zello M., Winter S. G. Deliberate learning and the evolution of dynamic capabilities [J]. Organizational Science, 2002, 13 (3): 339 – 351.

[341] Zukin, S., DiMaggio, P. Structures of capital: The social organization of the economy Cambridge [M]. MA: Cambridge University Press, 1990.

后　记

撰写这本书主要有三个原因。

第一，在2013年完成了关于集群创业的博士研究，并在2014年完成了浙江省软科学研究项目（编号：2012C35003），这本书是基于上述研究成果的升华。

第二，自2016年以来，得益于浙江大学城市学院良好的研究氛围，本人成功申请了一项国家自然基金青年项目和一项教育部青年基金项目。除此之外，本人作为负责人和主要参与人承担了地方政府多项关于产业集群的横向课题研究。长期的实地调研和系统的案例研究，对于深入研究浙江产业集群创业提供了良好的素材。

第三，本书是笔者继2007年出版的第一部专著《基于资源观的产业集群政策研究》（上海三联书店，2007）后出版的第二部关于产业集群的著作。

本书的完成要感谢我所主持课题的研究团队成员所付出的共同研究投入，他们是浙江大学城市学院商学院郑健壮教授、浙江大学管理学院博士生靳雨涵、浙江大学管理学院硕士生章晨笑。感谢浙江省经信委和浙江省各地（市、县）政府经济管理等相关部门对于我们调研所提供的帮助和指导。研究中的案例选择、一手数据的获得都是源于他们的帮助。感谢杭州海格通信技术有限公司蒋乐先生在仿真研究中给予的反复指导和无偿帮助！

由于作者水平有限，加上时间匆忙，书中肯定存在许多不足甚至错误之处，恳请读者提出宝贵意见。